Susanne Helbach-Grosser

Erfolg mit Takt & Stil

Für meine Tochter Julia

Susanne Helbach-Grosser

Erfolg mit Takt & Stil

Umgangsformen aktuell – Empfehlungen für Eilige

ASB
MANAGEMENT
ZENTRUM
HEIDELBERG

expert verlag

Die Deutsche Bibliothek – CIP-Einheitsaufnahme

Helbach-Grosser, Susanne:
Erfolg mit Takt & Stil : Umgangsformen aktuell – Empfehlungen für Eilige / Susanne Helbach-Grosser. – Renningen-Malmsheim : expert-Verl. ; 1997
(Reihe ASB-Wirtschaftspraxis ; Bd. 11)
ISBN 3-8169-1337-7
NE: ASB-Management-Zentrum: Reihe ASB-Wirtschaftspraxis

ISBN 3-8169-1337-7

Bei der Erstellung des Buches wurde mit großer Sorgfalt vorgegangen; trotzdem können Fehler nicht vollständig ausgeschlossen werden. Verlag und Autoren können für fehlerhafte Angaben und deren Folgen weder eine juristische Verantwortung noch irgendeine Haftung übernehmen.
Für Verbesserungsvorschläge und Hinweise auf Fehler sind Verlag und Autoren dankbar.

Vorwort

Sehr geehrte Leserin, sehr geehrter Leser,

sind wir ein Volk von Egoisten? In einer Gesellschaft, in der Tierschutz angeblich besser funktioniert als Kinderschutz, ein Buch über angemessene Umgangsformen, Takt und Stil zu schreiben, hieße, auch ein Buch über die (deutsche) Gesellschaft zu schreiben, in der viele nur noch fragen: »Was tut *mir* gut?«
Die *Prinzen* singen: »Du mußt ein Schwein sein in dieser Welt«, »Eure Armut kotzt mich an« faselt der Aufkleber am Porsche. »Haben Sie heute schon Ihr Kind umarmt?« heißt es aus Amerika. Mit »Schnauze voll für DM 8,29« wirbt eine Schnellfutterkette; mit: »Ich & mein Magnum« preist Langnese sein Speiseeis. Filmtitel heißen: »Geschändet und geliebt«, »Jung und rücksichtslos« ... Fernsehserien überbieten sich mit Geschmacklosigkeiten; die Schadenfreude in Talkshows ist nicht zu übersehen. Dampfwalzenmentalität scheint in Mode zu sein.

Sie merken, wie schwer es mir fällt, nicht von Menschenrechtsverletzungen zu reden, nicht von Frauen, die vor prügelnden Männern ins Frauenhaus flüchten müssen, nicht von mißbrauchten Kindern in Deutschland und Thailand. Auch nicht von Kriminellen, die mit Babys und Organen handeln, nicht von zwei Millionen Kindern, die weltweit ausgebeutet werden, weil sie arm sind ... Ja, die Würde des Menschen ist unantastbar.
Wenn wir wieder mal eine Überdosis Kälte abbekommen haben, fragen wir uns, ob Toleranz, Fairneß und Höflichkeit Auslaufmodelle sind. Ein klares »Nein«: Gute Manierensind überall sichtbar, und sie erleben eine Renaissance.
Ich möchte *auch* keinen stromlinienförmigen Menschen haben - Gleichmacherei ist langweilig. Verschiedene Einflüsse lassen ständig neue Verhaltensweisen entstehen, nichts passiert im luftleeren Raum. Alles ist einmal wichtiger, einmal weniger wichtig - heute müssen wir uns mit Themen auseinandersetzen, die es früher nicht gab. Sinnentleertes Regelnpauken ist zum Glück *out;* mehr Einfühlungsvermögen ist gefragt; wir reden von angemessenem Benehmen - und das hängt von der Situation ab. Oft sind es nur die kleinen Gesten, die zählen - lächerliche Bagatellen?
Wir lassen als AutofahrerIn einen Fußgänger an einer gefährlichen Stelle überqueren - und ernten nicht mal einen Blick dafür. Bepackte Leute, denen wir die Tür aufhalten, laufen hindurch, ohne sich zu bedanken. Langsam durch Pfützen zu fahren, wenn am Gehsteig Passanten stehen, gilt wohl als überholt? Autofahrer betätigen ihre Scheibenwaschanlage, wenn neben ihnen ein Fahrradfahrer hält. VerkäuferInnen unterhalten sich weiter, wenn wir ein Geschäft betreten ...

Höflichkeit bedeutet Wertschätzung und erleichtert somit die Kommunikation. Kritiker sagen, Höflichkeit sei *auch* eine Form der Abgrenzung und viel schnöder Schein, wenn sie ungebunden an den Respekt vor dem anderen *dann* eingesetzt wird, wenn man *nur* ein bestimmtes Ziel erreichen will. Dem stimme ich voll zu.
Wir treffen oft Menschen, die hinter Arroganz und Unfreundlichkeit ihre Unsicherheit verbergen - viele denken, sie seien cool - dabei benehmen sie sich nur schlecht!

Das Schönste an den guten Umgangsformen ist, daß man sich über die, die sie nicht haben, entrüsten kann!
Bei gekonnten Manieren liegt der *Fun-Bereich* sicher in der spielerischen Anwendung - zu wissen, was »richtig« und »falsch« ist - und gegebenenfalls unkonventionell auf die Taktlosigkeiten des Gegenüber zu reagieren.

Und zum Schluß, auch darum gibt es dieses Buch:
Weil endlich mein Zettelkasten geleert werden sollte, in dem ich seit Jahren all diese kleinen Fehltritte, Fettnäpfchen und Unhöflichkeiten sammele, mit denen die Menschen sich das Leben schwer machen, die ganz »normalen« Gemeinheiten, Angebereien, Versäumnisse, Entgleisungen, Ungerechtigkeiten ...

Takt ist der auf das Benehmen angewandte gute Geschmack, *Nicolas-Sébastien Chamfort, französischer Schriftsteller, 1741-1794.*

Meinen Dank spreche ich Peter Freitag, Schwäbisch Gmünd, für die äußerst »realistischen« Darstellungen unseres modernen Lebens aus.

Einen ebenso herzlichen Dank auch an Bernd Kreis aus Stuttgart für seine Empfehlungen im Kapitel »Wein & Speisen«.
Bernd Kreis war 1992 der beste Sommelier Europas.

Schwäbisch Gmünd, im Oktober 1996 Susanne Helbach-Grosser

Inhaltsverzeichnis

Der erste Eindruck

Wir alle senden Botschaften aus, deren Wahrnehmung zu neunzig Prozent von Gefühlen bestimmt ist.
Fünfundfünfzig Prozent entfallen auf Körpersprache, Kleidung, Statussymbole und Geruch, achtunddreißig Prozent auf den Klang der Stimme und sieben Prozent auf den Inhalt des Gesagten.
Nach neuesten Untersuchungen bleibt uns für den berühmten ersten Eindruck nicht viel Zeit: Wir beurteilen eine Person in drei bis fünf Sekunden. Und natürlich macht sich unser Gegenüber in dieser Zeit auch ein Bild von uns. Das ist ein Augenblick der Wahrheit, in dem der andere Mensch *sein* Bild von uns formt. Auch die versteckten Botschaften teilen wir durch unser Auftreten und durch unser Verhalten mit. ➪ *Körpersprache*

Wir werden ja bekanntlich nicht *nur* nach unseren Fähigkeiten beurteilt, niemand ist zudem vor einem gewissen Schubladendenken gefeit. Wer *nur* durch seine inneren Werte überzeugen will, wird deshalb häufig Schiffbruch erleiden oder braucht einen langen Atem.

Wie entsteht der erste Eindruck?

- Durch das Aussehen: Kleidung ordentlich, unordentlich, typgerecht, gepflegtes Äußere, Accessoires, Frisur, Geruch (RaucherIn, NichtraucherIn, Duftnoten, Körpergeruch), Fitneß. Hier wird auch ein gewisser Respekt gegenüber dem Partner/der Partnerin registriert: Sie sind es mir wert, daß ich mich ordentlich zurechtmache. Außerdem werden die persönliche Wirkungsmittel und Statussymbole (Visitenkarte, Schreibgeräte, Unterlagen, Aktenkoffer, Auto ...) wahrgenommen und eingeordnet.
- Durch die Ausstrahlung und die innere Haltung: Selbstbewußtsein, Zufriedenheit, Gelassenheit, Offenheit für alles Neue, Wohlwollen gegenüber der anderen Person, Lebendigkeit ... Kurz – der/die andere erkennt sofort, wer sich selbst mag. Dazu zählen wir auch das Auftreten, die Manieren und das Distanzverhalten.
- Durch die Körpersprache: unsere Haltung, Gestik, Mimik, unser Händedruck verraten, ob wir arrogant, unterwürfig, selbstsicher, überheblich, freundlich oder griesgrämig daherkommen.
- Durch unsere Sprache und die Stimmlage.

Zum Auftreten mit Stil gehört in jedem Fall, dem anderen möglichst wenig zuzumuten. Was heißt das? Gemeint sind Verhaltensweisen, die darauf schließen lassen, daß die Persönlichkeit blockiert ist. Oft treten an die Stelle diese Blocker Verhaltensweisen, die mangelndes Selbstbewußtsein zeigen, wie Hemmungen, die mit Arroganz als Selbstschutz überspielt werden. Dazu gehören auch Sarkasmus, Ignoranz, Angabe, Aggressivität, Schadenfreude, Rücksichtslosigkeit und Intoleranz. Außerdem ist auch die Demonstration permanenter Zeitnot nicht sehr souverän.

> Jeder Mensch ist potentiell ein Könner.
> Manche Menschen sehen aus wie Versager.
> Laß dich durch ihr Aussehen nicht täuschen.
> (aus: *Der Minuten-Manager, Rowohlt, 1993)*

Wie Sie einen »bleibenden« Eindruck hinterlassen

- Demonstrieren Sie Weltoffenheit: Gehen Sie mit ausgestreckten Armen auf die zu begrüßenden Personen zu und machen Sie sich selbst bekannt »Hi, Leute, ich bin der Benno, das ist meine Freundin Daisy, meine Gattin Lore konnte leider nicht mitkommen!«
- Sie haben einen stählernen Händedruck? Gut so! Je fester Sie die Hand geben, um so länger werden Sie als entschlossener Mensch in Erinnerung bleiben.
- Oder geben Sie sich lässig und cool: Vergraben Sie beide Hände in den Hosentaschen – ein guter Trick, um dem berüchtigten Armsalat beim Begrüßungszeremoniell zu entgehen.
- Falls Sie eine theatralische Neigung sowie einen Dreitagebart haben, verteilen Sie hemmungslos Bussis!
- Schwierigkeiten mit dem Namensgedächtnis? Kein Problem – fordern Sie Hilfen an, z.B.: »Kennen wir uns nicht aus dem Krankenhaus?«
- Zwingen Sie sich zu Komplimenten für die Gastgeber, etwa so: »Dieser Wein ist bei ALDI wirklich günstig gewesen! Wo haben Sie denn *das* kalte Buffet geordert? Ihr Toupet sitzt heute wirklich perfekt!«
- Beherrschen Sie das Einmaleins des Small talks mit lockerer Eleganz. Berichten Sie detailliert von all den wichtigen Leuten, mit denen Sie täglich Austern schlürfen.
- Erzählen Sie Witze! Die meisten Menschen trauen sich schon bald, unter ihrem Niveau zu lachen. Blondinenwitze kommen bei Damen stets recht gut an – für Herrenrunden eignet sich eher der Ausländerwitz oder der Potenzwitz.
- Denken Sie immer daran, daß *Sie* der Mittelpunkt sind, verpassen Sie daher keine Chance, aller Welt zu sagen, was Sie von ihr halten.
- Sie befürchten, Ihre Set-Manieren sind etwas angekratzt?
  Zu Recht!

Körpersprache

Die einen sagen, wer die geheimen körpersprachlichen Signale deuten kann, durchschaue die Menschen. Die anderen entgegnen, Gestik sei keine Sprache, eine Lesbarkeit der Körperrhetorik ohne Gesamtkontext gebe es nicht, und im übrigen diene das alles doch nur dazu, Menschen noch stärker zu motivieren, damit sie noch mehr arbeiten, während andere Vorteile daraus ziehen können und Gewinn machen.

Tatsache ist, daß Körpersprache angeboren und durch Konventionen weiterentwickelt wird – wir drücken mit diesen festgelegten Gesten unseren augenblicklichen Gefühlszustand aus und können mit allen Menschen in Kontakt treten. Jeder Mensch übt zudem durch seine Körpersprache eine Wirkung auf andere Menschen aus; wir drücken mit der Gestik Interesse, Desinteresse, Zuwendung und Ablehnung aus. Unsere Gesten unterstreichen die Worte, die wir sagen, oder widersprechen ihnen. Den meisten Menschen ist diese Wirkung ihrer Körpersprache nicht bewußt. Viele körpersprachliche Aussagen werden auf der ganzen Welt verstanden, andere sind auf einzelne Kulturkreise beschränkt. Sicher können wir Mißverständnisse vermeiden und beim Gegenüber die nonverbalen Botschaften »lesen«, wenn wir uns damit beschäftigt haben und die eigene Körpersprache beherrschen. Allerdings sollten körpersprachliche Signale nicht überbewertet und aus dem Zusammenhang gerissen werden – manchmal *kann* zum Beispiel Trauer oder Krankheit auch Anlaß zu falschen Schlüssen sein.

Beispiel: Die vor dem Körper verschränkten Arme müssen nicht *zwingend* Abwehr bedeuten, vielleicht hat der Mensch, der so dasteht, Rückenprobleme.

Wer viel im Ausland lebt, sollte die kulturell anders gelagerten Verhaltensmaßregeln beherrschen und deuten können.

Einstudierte Körpersprache – um sie als Ausdrucksmittel der eigenen Person einzusetzen, ohne mit den tatsächlichen Gefühlen *im reinen* zu sein – ist nicht auf längere Zeit durchzuhalten.

Nicht auf die Pelle rücken! Distanz wahren.

Nähe ist schön, aber manchmal unangenehm und oft nicht angebracht. Fremde Personen halten wir je nach Kulturkreis mehr oder weniger (gern) auf Abstand. Die angemessene räumliche und verbale Distanz zu einer Person einzuhalten, hat sehr viel mit Takt zu tun.

Psychologen unterscheiden vier Distanzzonen für den räumlichen Abstand zu anderen Menschen.

- Null bis fünfzig Zentimeter gelten als *intime Distanz*. Vorsicht! Nur bei guten Freunden ist körperlicher Kontakt angenehm (Küßchen-Begrüßung). Dieser Bereich ist z.B. für VerkäuferInnen absolut tabu.
- Fünfzig bis einhundertfünfzig Zentimeter sind die *persönliche Distanz* oder Gesprächsdistanz, z.B. auf Empfängen und Partys unter Bekannten, bei der das Handgeben möglich ist. Ab einem Meter fällt es aber schon schwer, den/die PartnerIn zu berühren - für Menschen, die sich auf der Straße treffen und sich nur begrüßen. Der deutsche »soziale Abstand« beträgt eine Armlänge, in südlichen Ländern gehen die Menschen näher aufeinander zu.
- Ab einhundertfünfzig Zentimeter erledigen wir in der *gesellschaftlichen Distanz* unpersönliche Angelegenheiten, z.B. die Unterhaltung zwischen Geschäftspartnern, und bei Kontakten mit Ranghöheren zu empfehlen. Im Abstand von zwei bis zu vier Metern könnte theoretisch ein Vorgesetzter im Gespräch mit einem stehenden Mitarbeiter sitzenbleiben und hat ihn doch ganz im Blickfeld.
- Von der *öffentlichen Distanz* sprechen wir ab vier Metern bis unendlich. Die richtige Distanz für Versammlungen, Ansprachen, ...

Wir müssen uns darüber im klaren sein, daß das Eindringen in einen nicht zugebilligten räumlichen Abstand oft Zurückweichen und auch Aggression hervorrufen kann.
⇨ *Begrüßen*, ⇨ *Körpersprache*

Wer darf wen berühren?

- Falls gewollt, gleichberechtigte Menschen,
- Vorsicht bei unterschiedlichen Hierarchiestufen: die Chefin eher den Auszubildenden, der Lehrer den Schüler, ... - aber nicht umgekehrt.
- Joviales Umarmen wird z.B. von Arzt zu Patientin als äußerst unangenehm empfunden. ➪ *Sexuelle Belästigung*

Wer erzählt wem was?

Auch bei der verbalen Distanz müssen wir andere Mentalitäten berücksichtigen. Was im Rheinland gut auszuhalten ist, empfindet ein Hamburger vielleicht als anmaßend. Hier sollte oberstes Gebot sein, niemanden in Verlegenheit zu bringen.
Zwei Beispiele für mißglücktes verbales Distanz-Verhalten: Während einer geschäftlichen Besprechung unter vier Augen sagt der Vorgesetzte unvermittelt zu seiner Mitarbeiterin: »Oh, Sie haben ja Ihr Haar frisch getönt, Frau Lang.« Eine Zugehfrau wird bei der Einstellung *nicht* um ihre Visitenkarte gebeten. Später dann kann die Frage, ob sie den neuesten Bestseller gelesen hat, kränkend sein, wenn nicht hundertprozentig sicher ist, daß sie eine Leseratte ist. Distanzlosigkeit und Instinktlosigkeit liegen oft dicht beieinander!

Wer jemandem *Hilfestellung anbieten* möchte, sollte das auch verbal andeuten: »Kann ich Ihnen mit dem Gepäck behilflich sein?« »Möchten Sie, daß ich mit an den Kinderwagen fasse?« Auch bei Hilfsbereitschaft gilt es, die Distanz zu wahren. Gepäckstücke und Personen bitte nicht einfach befingern – das könnte mißverstanden werden!

Seien Sie nett zu Ihrem Körper – Sie haben nur den einen.
Wer mit sich selbst pfleglich umgeht, wird es auch mit anderen tun. Die äußere Ästhetik läßt auch auf die innere schließen.

- *Unangenehme Körpergerüche*

sind heute zu fünfundneunzig Prozent ein hygienisches Problem, behaupte ich mal! Wer sich nicht regelmäßig wäscht, riecht. Wer morgens wieder in seine ungelüftete Kleidung vom Vortag steigt, riecht. Wer scharf gewürzt ißt, transpiriert mehr. 1,4 Millionen Schweißdrüsen sind beim Menschen aktiv, aber erst Bakterien zersetzen den Schweiß – der Körper scheidet die Abbauprodukte aus. Deodorants wirken in den Achselhöhlen diesem Prozeß entgegen.

- *Schweißhände*

Nur gelegentlich feuchte Hände können vor dem Handgeben *(unauffällig!)* am Kleidungsstück abgestreift oder in der Jackentasche schnell noch mit einem zerknüllen Tuch getrocknet werden.

- *Krankhaftes Schwitzen,*

»Hyperhidrosis« genannt, wird nur zu zehn Prozent durch Grunderkrankungen wie Diabetes, Fettsucht oder Bluthochdruck verursacht. Der Rest ist »emotionales Schwitzen«, was nichts mit mangelnder Hygiene zu tun hat. Oft stecken soziale Probleme, Unsicherheiten dahinter. Menschen mit Hyperhidrosis stecken meist in einem *Teufelskreis*. Antitranspirants, Schweißblocker mit Aluminiumsalzen, wirken in den Achselhöhlen diesem Prozeß entgegen, ebenso Salbeitabletten oder -Tee. Wer sich durch Schweißflecke gehemmt fühlt, näht sich spezielle Schwitzpolster in die Kleidungsstücke ein oder zieht halbärmelige Unterhemden unter dem Oberhemd an. Ich beschreibe diese Form des Transpirierens, weil wir hin und wieder in die Situation geraten, jemanden auf sein Problem ansprechen zu müssen.

- *Mundgeruch*

Bekommen Sie oft Pfefferminz angeboten? Das sollte Sie mißtrauisch machen! Schlechter Atem kann auch sehr unterschiedliche Ursachen haben. Bei den medizinischen sind dies: chronische Magenerkrankungen (Gastritis), Nieren- und Leberprobleme, Erkrankungen im Nasen-/Rachenbereich und Parodontose, um nur einige zu nennen. Auch schlecht eingestellte Diabetiker sowie gestreßte Menschen neigen zu Mundgeruch. Beim Abbau von gespeichertem Fett (z.B. bei einer Diät) werden übelriechende Oxidationsstoffe frei. Auch Alkohol, Knoblauch, deftige Kost und Tabak können Schuld sein. Und natürlich mangelnde Zahnpflege! Habe ich Mundgeruch? Das kann man selbst testen: in die Hand dicht vor dem Mund hauchen und daran riechen. Dies hilft: Kaffeebohnen, Wacholderbeeren oder frische Petersilie kauen (auch gut nach Knoblauchgenuß), sauerstoffhaltige Dragees und eine konsequente Mundhygiene. Wer unterwegs ist, sollte sich zumindest nach einem stark säurehaltigen Essen (Essig, Wein) die Zähne putzen oder einen zuckerfreien Kaugummi nehmen. Profis in Sachen Munghygiene benutzen ihre Reisezahnbürste, die Zahnseide oder spülen den Mund mit Wasser und einem Klacks Zahncreme kräftig aus. ➪ *Kaugummi*

- *Wer andere auf störende Gerüche aufmerksam machen muß,*

sollte das nicht auf die lange Bank schieben – denn je länger wir zögern, desto mehr Aggressionen können sich anstauen, und aus der Mücke wird ein Elefant. Führen Sie das Gespräch *feinfühlig* und *fürsorglich* unter vier Augen. Machen Sie kein Drama daraus, aber beschönigen Sie auch nichts. Müffelnde Menschen nehmen sich nicht als solche wahr – daran sollten wir denken.

Es war einmal ...

Jede Zeit hatte ihren eigenen Maßstab gegenüber Gerüchen: Im achtzehnten Jahrhundert galt es als ungesund, ja schädlich, sich mit Wasser zu waschen. Parfum in rauhen Mengen reichte vollkommen aus, um gepflegt zu erscheinen. Auch Duft-Flacons wurden um den Hals und am Gürtel getragen. Erst zu Beginn des neunzehnten Jahrhunderts erlaubte die Kirche das Baden – aber nur, wenn es der Reinigung diente und nicht der Wollust! Katharina die Große schnupfte übrigens nur mit der linken Hand, damit die rechte zum Kuß duftfrei blieb.

- *Parfum*

Dezent »teuer« duften ist allemal besser als aufdringlich billig sagt die logische Faustregel. Je enger man mit anderen zusammen ist, desto unaufdringlicher sollte man duften. Tagsüber daher eher frische Kompositionen nehmen, für den abendlichen (bevorzugt privaten) großen Auftritt gibt es zwischen »animalisch« bis »schwül« eine große Palette. Derzeit sind rund 370 Damen- und 320 Herrendüfte auf dem deutschen Markt. Intensiv parfümierte Leute – vor allem beim Essen – sind eine Zumutung! Wer nur *einen* Duft in Gebrauch hat, gewöhnt sich daran und kann ihn an sich selbst nicht mehr wahrnehmen. Logische Folgerung: es wird zu viel angelegt. Manche Menschen fordern schon parfumfreie Zonen, (Flugzeug, Restaurant, Hotel, Arztpraxis, Kirche, Büro ...), denn was für die einen ihr gepflegtes Äußere unterstreicht, ist für die anderen schlicht penetranter Gestank! Duftmäßig wird noch einiges mehr auf uns zukommen: Wohnparfums, leistungssteigernd duftende Arbeitsplätze sowie Produkte, die sich angeblich wohlriechend besser verkaufen.

- *Haare*

Je nach Wachsgeschwindigkeit müssen sie alle vier bis sechs Wochen geschnitten werden, um gepflegt auszusehen. Die Haare können unbedenklich jeden Tag mit einem milden Shampoo gewaschen werden, falls sie das nötig haben. Männer sollten darauf achten, daß ihre sehr buschigen Augenbrauen hin und wieder gebändigt werden, aus Nasenlöchern und Ohren sollte es auch nicht zu üppig sprießen. Bärte sind akkurat gestutzt und werden selbstbewußt getragen, wenn sie sich »sehen lassen« können. (»Wer ein gutes Gesicht hat, braucht keinen Bart!« Wer sagte das nur?)

Wirklich lächerlich wirkt es, das letzte Haupthaar kunstvoll vom Hinterkopf über die *Glatze* zu drapieren. Hier ist *nur* ein radikaler Kurzschnitt zu empfehlen. Auch das dünne »Künstler-Pferdeschwänzchen« kann nicht darüber hinwegtäuschen: wo nichts mehr ist, da ist nichts mehr! Ach, übrigens: Nur wenige Männer tragen ihr *Toupet* gekonnt – bei den meisten wird die Attrappe auf der Glatze gleich als solche erkannt. Wieso raten nur so viele Frisöre ihren männlichen wie weiblichen Kunden zu *gefärbten Haaren?* Wer nicht in ganz regelmäßigen Abständen nachfärben läßt oder zu harte Farben (meist zu dunkle) wählt, irritiert seine/ihre Gesprächspartner enorm.

- *Hände*

Makellos gepflegte Fingernägel sind bei fast allen Tätigkeiten ein Muß. In manchen Berufen wird fast ausschließlich auf die Hände geschaut: überall dort, wo Geld gezählt, Tickets ausgestellt, Unterlagen weitergegeben werden, ebenso in den Dienstleistungsbetrieben und in den medizinischen Berufen. Auch Männer haben heute ein sensibleres Verhältnis zu ihren Händen und Nägeln: die wöchentliche Maniküre und die tägliche Pflege der Hände sind selbstverständlich.

- *Füße*

Was für die gepflegte Hand gilt, sollte für den Fuß ebenso selbstverständlich sein. Aber sobald das Wetter sich erwärmt, werden hier und da unbestrumpfte Füße in Sandalen gesichtet, bei deren Anblick sich der Magen umdrehen könnte! Dicke Hornhaut am Hacken, lange oder rissige Fußnägel, abblätternder Nagellack, schmutzige Nägel, ...!

- Neigen Sie zu *Kopfschuppen?*

Oft sind Menschen deswegen unsicher. Helle Oberbekleidung (bei Männern ein helles oder mittleres Anthrazitgrau oder mellierte Stoffe) läßt Schuppen nicht auffallen; Frauen legen sich dann gern ein hellgemustertes Tuch um die Schultern. Wer Schuppen hat oder/und dunkelblaue bzw. schwarze Kleidung trägt, ist gut beraten, stets eine *Kleiderbürste* in Griffnähe zu haben.

- *Männer und Körperpflege*

Vorbei ist die verschämt heimliche (weil einst unmännliche) Eitelkeit der Männer – melden Schönheitsfarmen und Kosmetiksalons. Dort »tummeln« sich jetzt zur Rundumerneuerung die Männer. Beim Konkurrenzkampf haben sie gemerkt: Eitelkeit ist geschlechtslos, Schönheit nicht *nur* eine Frage der Natur. »Mit der Beseitigung der Tränensäcke wird Mann zwar nicht Präsident seiner Firma, aber Schönheit gilt heute als Leistung für den Beruf,« sagte kürzlich Prof. Dr. Werner Mang von der Bodenseeklinik Lindau. Und: Frauen mochten sowieso schon immer Männer, die Wert auf Körperpflege legen.

- *Tätowierungen*

an sichtbaren Stellen können Sie sich in den wenigsten Berufen leisten!

- *Make-up* oder lieber nicht?

Das kommt in erster Linie auf den Berufszweig an, in dem Sie arbeiten, und auf Ihre Einstellung zur dekorativen Kosmetik. Nicht unerwähnt soll bleiben, daß Frauen mit einem gekonnten, dezenten Make-up für kompetenter gehalten werden. Make-up hilft auch Frauen, die ab der Tagesmitte etwas abgespannt aussehen.
Und Männer? Amerikanische Image-Bücher für Männer empfehlen diesen, jeden Tag so auszusehen, als würden sie gleich ein Fernsehinterview geben! Wenn hier das Gepflegtsein gemeint ist, bin ich vollkommen einverstanden. Da mit größer werdendem Ozonloch auch der (sonnenechte) Bräunungskult zurückgeht, (braune Hautfarbe gleich dynamisch, sportlich, erfolgreich ...), greifen immer mehr Männer, die sich in diesem Idealbild gefallen, zu *Selbstbräunern* oder zu einem *dezenten* Make-up, um sich vitaler zu fühlen. Apropos: nur so schafft es ein/eine Vierzehn-Stunden-ManagerIn, rund um die Uhr so aussehen, als käme er/sie gerade aus der Ägäis.

- *»Du läßt dich gehn!«*

Was Frauen an Männern so »schätzen!«

- Ungepflegtes Äußeres, Dreitage-Bärte, Uralt-T-Shirts, zu klein gewordene Lieblings-Strickjacken
- Befehle erteilen, statt »Bitte« und »Danke« zu sagen
- Unbestrumpfte, bleiche Männerwaden
- Sich ungeniert überall kratzen
- Mangelnde Zuwendung und Komplimente in der Ehe – Desinteresse am anderen
- Männer, die zu Hause nie etwas finden: »Wo ist denn die blaugestreifte Krawatte hingekommen?« Als hätten Frauen Spaß daran, täglich seinen Schrank umzuräumen!
- Aggressivität, Sarkasmus, Angabe, Rücksichtslosigkeit und Unpünktlichkeit
- Rauchen, ohne zu fragen, Nichtraucherinnen den Qualm ins Gesicht blasen
- Das »Bäuerchen« nach dem Biergenuß und andere körperlichen Äußerungen
- Husten und Gähnen, ohne die Hand vor den Mund zu halten
- Füße auf den Schreibtisch legen
- Plumpe Anmachmethoden und Betatschen
- Übertriebene Höflichkeit zwecks Anmache
- Poster mit »Nackten Tatsachen« im Betrieb
- Sich betrinken – dann grölen und fluchen
- Wenn Männer mit ihren Erfolgen protzen (Auto, Geld, ...)
- Verspiegelte Sonnenbrillen
- Männer, die sich ständig ihrer Wichtigkeit bewußt sind

Halten Sie sich fest, es kommt noch besser:

- Auf die Straße spucken
- Den öffentlichen Raum mit der Bedürfnisanstalt verwechseln – selbst Kinder

beklagen sich: »Weil Männern jeder Schritt zuviel ist, pinkeln sie nur ein paar Meter vom Picknickplatz eines Parkplatzes an der Autobahn.«
- Mehr Platz einnehmen, als ihnen zusteht
- Ständig mit dem Funktelefon (Handy) herumlaufen
- Auf der Straße nicht ausweichen
- Immer drei Schritte vor »ihrer« Dame gehen
- Zigarettenkippen (und volle Aschenbecher) aus dem Auto werfen, sowie ins Klo, in Grünanlagen, auf Spielplätze, an den Strand.

Was Männer an Frauen so »schätzen«!

- Schlampiges Äußeres, abgeblätterter Nagellack, Uralt-Klamotten und -Bademäntel
- Nur für den Beruf feinmachen – kein Make-up zu Hause
- Klatsch und Indiskretion
- Arroganz, Hochnäsigkeit, zickig sein, »kindisches« Verhalten
- Kichern – Hand vor den Mund halten
- Bekannten und Verwandten Interna aus der Beziehung erzählen
- Eine zu emotionale Streitkultur
- Ständig (dazwischen-) reden
- Unpünktlichkeit
- Ein modisches Outfit, das alle Frauen gleich aussehen läßt
- Männer belehren.

Sich also nie wieder so richtig gehen lassen? Nie mehr Seele und Bauch baumeln lassen? Sich nie wieder strubbelig im verschlissenen »Oldtimer« auf's Sofa fletzen mit Chips aus der Tüte und Wein aus dem Wasserglas? Nie wieder unkontrolliert gähnen, ohne die Hand vor den Mund zu halten und niesen, daß die Wände wackeln? Nie wieder genüßlich in seiner Nase Ordnung schaffen? Doch! Hemmungslos! Das ist gut für die Psyche – *aber muß man sich dabei unbedingt beobachten lassen?*

Kaugummi: »Der Schnuller für Erwachsene«

Überall dort, wo »Gefahr besteht«, mit jemandem ins Gespräch zu kommen, sollte Kaugummikauen unterbleiben. Ich würde ziemlich irritiert sein, wenn mich mein Arzt/meine Zahnärztin kauend behandeln würde, mir der Ober kauend das Essen brächte. Außerdem treffe ich selten Leute, die *würdevoll* kauen können. Oberster Grundsatz für Erwachsene: *Mund zu, nicht schmatzen, keine Blasen fabrizieren, diskret entsorgen.*

Natürlich kann hemmungslos kauen, wer alleine ist!

Wer mit der Kaumasse überraschend angetroffen wird, sagt souverän: »Moment, ich muß etwas entsorgen«, nimmt den »Kommunikationshemmer« mit einem Papiertaschentuch oder einem Stückchen Papier heraus – und die Situation ist gerettet!

Kaugummi soll manchmal Nervosität/Spannung verdecken *(Ersatzhandlung)* oder als Zahnpflegegummi gegen schlechten Atem wirken. Ein Pfefferminz in der Backentasche ist manchmal besser, oder das Kauen nur auf die Mittagszeit beschränken.

Übrigens signalisiert Kaugummikauen dem Körper: jetzt gibt's gleich etwas zu essen, was dann ja nicht passiert – für die Gesundheit also auf Dauer nicht so günstig.

Wie entsorge ich die Kaumasse?

Natürlich nicht auf die Straße werfen, nicht unter Tisch und Stuhl kleben, nicht in den Aschenbecher legen, sondern das Einwickel-Staniol-Papier aufheben oder anderes Papier zum Einpacken nehmen, dann ab in den Müll damit. Mancherorts sind die neuen *Gumtainer* in Augenhöhe installiert.

Immer nur lebhaftes Mausgrau?

Angesichts der Vielfalt auf dem Bekleidungsmarkt möchte ich sagen: »Erlaubt ist, was gefällt und nicht billig, vulgär oder peinlich wirkt«. Aber soweit sind wir noch lange nicht! Formelle Kleidung wird immer *dann* noch zum Muß, wenn ein Unternehmen oder eine Behörde in der Öffentlichkeit vertreten wird.

Wichtige Fragen sind hierbei:

Gibt es in meinem Unternehmen eine Kleiderordnung? Wie sieht das Firmenimage aus? Falle ich mit meinem derzeitigen Persönlichkeitsbild sehr aus dem Rahmen? Was möchte ich erreichen? Was möchte ich ausdrücken: Kompetenz, Seriosität, Kreativität? Welchen Eindruck mache ich auf andere?
Als Persönlichkeit dem eigenen Status und dem Lebensstil entsprechend auftreten, wenn man mit seinesgleichen zusammen ist oder als MitarbeiterIn das Unternehmen vertritt! Schön, nicht? Da fällt mir gleich Bill Gates ein: etwas ungekämmt, das *outfit* ohne viel Chic. Kann man sich ab einem bestimmten Kontostand mehr Schrullen erlauben als andere, augenfälliger gegen die Norm verstoßen? Kann man bestimmt – vielleicht ändert sich dadurch auch manche Verkrampftheit. Aber Menschen wie Sie und ich, die ein bißchen *snobbish* auf gutem Stil und Geschmack achten, lassen sich durch ihre Millionen auf der Bank nicht erschüttern! *Ein bißchen anders sein als die anderen ist in Ordnung – aber mit Niveau.*
Ob Sie ein Gesamtkunstwerk sind wie Lotti Huber, ob Sie als zarte Venus auftreten oder als verruchter Vamp: *Sie* haben es in der Hand, wie Sie ankommen. Und das männliche Pendant ebenso.
Auch wenn das Unternehmen auf einen Kleiderkodex pocht, ist es für den/die RepräsentantIn möglich, seine/ihre persönlichen Vorlieben mit der »verordneten« Garderobe in Einklang zu bringen, falls es sich nicht gerade um Fluggesellschaften, Krankenhäuser, die Polizei oder McDonalds handelt (Uniform).
Einmal abgesehen von der richtigen Farbwahl und den günstigen Proportionen, sollte der Business-Mensch auf *gute Materialien* achten und seinen Kleidungsstil auf die gegenwärtige oder die eventuell *angestrebte Position* abstimmen. Der berufstätige Mensch sollte seinem/ihrem Berufszweig *und* dessen Kundenkreis entsprechend gekleidet sein. Das heißt:

- Kleidung und Accessoires so wählen, daß sich MitarbeiterInnen und Kunden mit Ihnen wohl fühlen.
- Die Aufmachung sollte typgerecht und altersgemäß sein.
- Die Garderobe ist gepflegt und vollständig. (Z.B. für den Anzug gilt: einmal tragen, lüften, einige Tage auf einem breiten Bügel »verschnaufen« lassen; für Schuhe: einen Tag tragen – einen Tag auf Spannern ruhen lassen).

- Viele Menschen machen sich keinen Begriff, wie sehr andere an unserem Äußeren ablesen können, wie wir uns selber einschätzen – welches Verhältnis und Gespür wir für Qualität und Professionalität haben. Darum sollten wir keine Signale senden, die unsere Überzeugungskraft in Frage stellen.
- Das Image muß z.B. bei einem Karrieresprung der neuen Realität angepaßt werden.
- Nicht wenige Menschen sind unsicher bei der Farbauswahl ihrer Kleidung. Konsultieren Sie eine Farb- und Stilberaterin. Durch sie wird Ihr Erscheinungsbild harmonisch auf Ihren Typ abgestimmt. Nach einer Farbanalyse und der Vermessung Ihre Körperproportionen werden Sie in Zukunft keine Fehlkäufe mehr tätigen. Eine kosmetische Beratung wird oft ebenfalls angeboten.

Übrigens ...

Der Chef/die Chefin darf Jeans verbieten. Der Arbeitgeber ist kraft seines Direktionsrechts befugt, dem im Verkauf tätigen Arbeitnehmer zu untersagen, in Gegenwart von Kunden in Jeans, Turnschuhen, mit offenem Kragen, ohne Krawatte und ohne Sakko aufzutreten. Das *outfit* muß dem vom Arbeitgeber festgelegtem Charakter des Produktes entsprechen. Landesarbeitsgericht Hamm, Aktenz. 13 TaBV 36/91.

Sich einprägen – aber nicht unangenehm,

Die kleinen Peinlichkeiten bei IHM

Bitte nicht...

- Sakkos und Oberhemden in »Wunschgröße« tragen – also zu eng,
- Offizieller Anzug (schwarz) mit aufgesetzten Taschen und *ohne* Langarmhemd,
- Offizielle Hose mit Aufschlag,
- Hosenträger und Gürtel gleichzeitig tragen,
- Shorts, und alles, was unter Freizeitmode fällt, gehört nicht in den Berufsalltag,
- Unterwäsche, die durchscheint oder sich abzeichnet (ja, auch beim Mann!),
- Zweifarbige Schuhe zu Business-Anlässen, braune Schuhe zum blauen Anzug, Tennisschuhe und Sandalen, Beschläge an den Schuhen, hellgraue Schuhe. Der Schnürschuh ist professioneller, in vielen Berufen gelten Slipper als unpassend, aus Leder sollte der Schuh sein - mit dünner Sohle, Wildleder bleibt strenggenommen ländlichen Gebieten vorbehalten. In Nordeuropa überwiegen schwarze Schuhe,
- Schief getretene Absätze und schmutzige Schuhe,

- Weiße Socken (!) und Kindermotive auf Socken zu beruflichen Anlässen. (Bei weißen Socken sind natürlich Ärzte und Männer in medizinischen Berufen sowie Profisportler ausgenommen.) Kunstfaser läßt die Füße qualmen!
- Sichtbare Waden, (besser sind Kniestrümpfe)
- Schwarze Fliege zum Frack
- Lederkrawatte, Metallkrawatte, helle Krawatte zum dunklen Hemd. Keine Motive, die von *Unreife* zeugen wie Comic-Figuren, Gute-Ratschlag-Schlipse (»Take it easy«), sexistische Darstellungen, ...! Bei der Krawatte ist heute vieles »erlaubt«, was früher unmöglich war – sie paßt zur jeweiligen Stimmung und zum Typ. Edelbinder für die Selbstdarstellung sind in. Die gelockerte Krawatte mit geöffneten Hemdkragen wirkt stets gestreßt (eine Kragennummer größer kaufen – nur in sehr wenigen Berufen kann auf Halstuch oder Schalkrawatte ausgewichen werden),
- Zu lang/zu kurz gebundene Krawatte (die Krawattenspitze endet auf der Gürtelschnalle),
- Button-down-Hemden zu offiziellen Anlässen,
- In Nordeuropa mehr *sichtbaren* Schmuck als Uhr und Ehering, ein Siegelring ist an *mancher* Männerhand denkbar, eine elegant getragene Uhrkette unschlagbar, Ohr- und Nasenringe, Gliederarmbänder, falsche Cartier-Ringe und -Uhren indiskutabel. Das Uhrzifferblatt nach unten getragen ist so, wie die Baseballkappe verkehrtherum.
- Knallige Anzüge, Jacken oder/und Hemdenfarben und zu bunter »Mix« – zwei gemusterte Teile genügen,
- Krawatten und Einstecktuch im gleichen Muster, auch wenn diese Kombination z.Z. wieder im Handel ist,
- Verspiegelte Sonnenbrillen.

Speziell für Männer

Darf er oder darf er nicht?
Das Jackett im Laufe eines Festes ablegen? Nein, nicht bei halbwegs offiziellen Anlässen, auch wenn es noch so warm ist. Spezialisten sind mit Kühlakkus in den Innentaschen ausgerüstet! Auch sonst wird nichts gelockert – weder die Krawatte, der Kragenknopf, der Hosenbund ...
Herrschen Saunatemperaturen bei privaten Einladungen, fordert vielleicht der Gastgeber schon beim Eintreffen dazu auf, die Jacketts an der Garderobe zu lassen.

Kleidung und Stil für die berufstätige Frau

Klassische Kleidung ist auch bei der Frau in vielen konservativen Berufen noch immer angebracht. Generell wirken Ton-in-Ton-Kombinationen dezenter, sind »langlebiger«, weil vielfältig kombinierbar.

Kostüm, Hosenanzug, Jackenkleid, Rock/Hose und Bluse lassen sich für tagsüber mit passenden Strümpfen, Tüchern, Schuhen und anderen Accessoires und der typgerechten Brille stimmig variieren und sich für den anschließenden Abendtermin »aufpeppen«.
Es gibt für eine Frau wirklich keinen triftigen Grund, einen *Rock* zu tragen – außer sie möchte es, weil sie sich darin wohlfühlt!
➪ *Make-up*

Tips für die Business-Frau

Vermeiden Sie bitte alles, was Sie in Ihrer Karriere behindern könnte, was Sie unkompetent erscheinen läßt. Tragen Sie zu komplizierten Verhandlungen und Vorstellungsgesprächen nur Kleidung, in der Sie sich wohlfühlen und bewegen können. Also *gekleidet* – nicht *verkleidet!* Ihr Outfit soll selbstverständlich Ihren Status sichtbar machen, aber seien Sie sich bewußt, daß die Wirkung Ihrer Garderobe von unterschiedlichen Betrachtern auch unterschiedlich wahrgenommen wird. Zu bestimmten Anlässen kann sie als *fauxpas* oder Provokation registriert werden. Schaffer/Benard meinen zu diesem Thema in ihrem Buch *Rückwärts und auf Stöckelschuhen*: »...Wenn eine Frau beschließt, im kurzen Spandex-Röckchen auf hohen Stöckelschuhen daherwackeln, dann soll sie das auch tun. Sie muß nur wissen, daß die Umwelt genau das sehen wird: eine Frau im kurzen Spandex-Röckchen auf unsicheren Wakkelfüßen.«
Fragen Sie sich, ob Sie den Mitmenschen nicht manchmal zuviel zumuten – wir haben leider alle unseren kleinen oder auch großen »Schubladen« im Kopf. Kleidung (sich bedecken) kann auch Macht signalisieren – nicht von ungefähr sind Würdenträger aus Justiz, Wissenschaft und Kirche in lange *Kleider* gehüllt!

Können Sie sich die nachfolgenden Punkte leisten, sind sie sinnvoll für Sie?

- Durchsichtige Blusen, hautenge Tops, Röcke oder Hosen (Radlerhosen). Achtung bei engen, kurzen Röcken und langen Rockschlitzen: in Verhandlungen mit Männern sind sie u.U. ein nichtgewollter Blickfang! Überlegen Sie auch, *wohin* Sie sich setzen – mit besagten Röcken auf ein bequemes Sofa? Lieber nicht – Sie gewähren Einblicke.
- Alle einengenden Kleidungsstücke und Gürtel verleiten zum öfteren Zurechtziehen – dadurch wirkt frau nervös und zappelig. Enge, breite Gürtel nehmen uns die Luft.
- Gewagte Dekolletés - nackte Achselhöhlen
- Zu verspielte Kleidung wirkt kindlich und unseriös, Sie verspielen evtl. Ihre Autorität.

- Der unbekümmerte Schlapperlook soll Unabhängigkeit signalisieren, provoziert aber Urteile wie: »Die sieht aus, als käme sie gerade aus dem Zelt!«
- Spaghetti-Träger, Klimperschmuck, Kettchen am Fußgelenk wirken je nach Alter *süß* bis *lächerlich!*
- Großgemusterte Strümpfe und Laufmaschen lenken bei Gesprächen ab.
- Nackte Beine bei dreißig Grad im Schatten? Professioneller sehen Strümpfe aus – die Mitarbeiterin eines Unternehmens, die *nie* Kundenkontakt hat, kann sich »belüftete« Beine eher leisten.
- Zu hohe Absätze, auffallender Schnickschnack am Schuh, abgetretene Absätze, schmutzige Schuhe. Gold und Silber sind dem Abend vorbehalten.
- Offene Sandalen, dünne Halbsocken in Sandalen, weiße Schuhe lenken, wie weiße Socken auch, die Blicke des Gegenüber nach unten. Außerdem wirken sie zu einer dunkleren Oberbekleidung überhaupt nicht elegant, um es zurückhaltend auszudrücken!
- Gold- und Silberlamé, Lurex,
- Grelles Make-up, intensives Parfum, sehr lange, rotlackierte Fingernägel,
- Zwischen Rocksaum und Stiefel sollte *kein* Bein sichtbar sein.
- Im Ausland gehen Sie am besten auf »Nummer Sicher«, falls Sie die dort vorherrschenden Normen nicht kennen (kein Dirndl oder ähnliches – besser ist auch (wenig) echter Schmuck als Modeschmuck).

Für Frauen wie für Männer

Sage mir, welche Marke du trägst, und ich sage dir, wer du gerne sein möchtest! Ihre *Statussymbole* sollten stimmig sein. Sie können sich (noch) keine Rollex leisten? Dann verzichten Sie darauf – tragen Sie keine Imitation: das macht Sie bei Kennern absolut lächerlich! Bei Männern auf der Führungsebene wirken piepsende *Uhren* aus Plastik, Gummi oder anderen billigen Materialien unkultiviert.
Sind Sie unbezahlte *Reklameträger* für Accessoires-Hersteller? Haben Sie es nötig, mit den Logos und Initialen der Modemacher herumzulaufen? Sie haben recht – dem kann man kaum noch entgehen!
Halten Sie Ihre *persönlichen Wirkungsmittel* in Ordnung. Visitenkarten ohne Eselsohren, stilvolle Schreibgeräte (*nur* der Füllfederhalter kommt bei einem Kundenbesuch zum Einsatz), unbekritzelte Arbeitsunterlagen.
Laufen Sie nicht mit *überladenen Taschen* und *Aktenkoffern* durch die Gegend, das zeugt von schlechter Planung.
Ihr *Firmenwagen* ist Ihrer Position angepaßt. Beim Kundenbesuch sollten Sie Ihn benutzen und nicht mit dem 2CV Ihrer Tochter vorfahren.
Sie treffen tagsüber Kunden, GeschäftspartnerInnen? Sie speisen mit ihnen? Sie haben nach Geschäftsschluß noch einen Abendtermin? Weitblickende Menschen packen morgens ein frisches Oberhemd, eine frische Bluse, zusätzliche Strümpfe, einen festlichen Schal ein.
1990 sagte der damalige Maître des Pariser Maxim's: »Wenn ich einen Gast nicht kenne, entscheide ich nach der Bügelfalte seiner Hose und nach seiner Krawatte, wohin ich ihn setze.«

Speziell für Männer

Lernen Sie, Ihren Koffer selbst zu packen! Machen Sie sich eine Liste *der* Dinge, die Sie unbedingt dabei haben müssen. Auf ihr werden ebenfalls *die* Kleidungsstücke/Schuhe, ... notiert, die Sie bei Ihrem letzten Business-Trip *zuviel* im Koffer hatten. *Sie* wissen am besten, wo Sie absteigen, wen Sie treffen, welche Termine Sie in welcher Umgebung haben werden, *nicht* Ihre Frau. Sind Sie unsicher, welche Krawatte zu welchem Hemd und Anzug paßt? Schießen Sie Polaroid-Fotos von allen harmonierenden Kombinationen! Und noch etwas: egal wo Sie sind, in Kuweit oder Düsseldorf: Bei dreißig Grad Celsius wischen Sie bitte Ihr schweißnasses Gesicht nicht mit einem *Papiertaschentuch* ab, Sie könnten danach einem Weihnachtsmann ähneln - Stofftücher fusseln nicht! Ein »Mann von Welt« hat stets ein sauberes Stofftaschentuch in der Innentasche seines Sakkos/Blazers bei sich.

Maßgeschneidertes Gepäck für den fünftägigen ***Business-Trip***
Einen hellgrauen (oder je nach Jahreszeit einen andersfarbigen, kombinierbaren) Anzug, eine dunkelblaue Hose, einen Blazer für die Reise, eine helle Hose für die Reise, Regenmantel für die Reise, sechs Hemden, vier Krawatten, stabile Schuhe, (genug!) Unterwäsche, Kniestrümpfe, Hausschuhe, evtl. Morgenmantel und Badehose.

»We're dressing«
Kleidervermerke auf Einladungen

Wenn der *Kleidervermerk* für den Herrn »Dunklen Anzug«, »Smoking« oder »Frack« vorschreibt, hat die Dame je nach Jahreszeit und Figur einen breiten Spielraum, was nicht heißen soll, daß sie ihre Garderobe *gar nicht* auf ihren Begleiter abstimmt. Bekleidungswünsche sollten eingehalten werden – das ist auch fair den Menschen gegenüber, die sich zu einer besonderen Gelegenheit schicker anziehen möchten.
Eine Gastgeberin fragte einen Gast, der ein Fest ohne Krawatte besuchte, obwohl sie erwünscht war: »Hoffentlich fühlen Sie sich ohne Krawatte nicht ausgegrenzt!«

Dunkler Anzug	für die Dame: Kostüm, Jackenkleid, elegantes Kleid, Hosenanzug
Smoking, Dinnerjackett *Spencer*	Cocktailkleid, kurzes Abendkleid, sehr festliches Kleid oder Hosenanzug
Frack	Großes Abendkleid, großes »Geschmeide«, langer Abendmantel, Cape
Cut	Elegantes Kostüm oder Jackenkleid (mit Hut)

Fehlt der Bekleidungs-Vermerk, gelten folgende Regeln:

Vormittags	genügt Straßenkleidung, bei Empfängen oder festlichen Terminen: für den *Herrn* dunkler Anzug, für die *Dame* Kostüm oder Jackenkleid, Hosenanzug
Nachmittags	ähnlich wie am Vormittag, wieder abhängig von der Festlichkeit des Anlasses
Abends	bei Terminen, die unmittelbar an den Arbeitstag anschließen, ist die Straßenkleidung weiterhin angebracht, bei Festveranstaltungen die beschriebene feierliche Kleidung.

Der *Smoking:* »Black Tie« – schwarze Fliege, ist wie auch das *Dinnerjackett* ein Abendanzug. (Smoking in feinen Kreisen immer noch nicht vor achtzehn Uhr!) Das Dinnerjackett war früher dem gesellschaftlichen Leben im Freien vorbehalten, z.B. auf Schiffsreisen oder Gartenpartys. Dinnerjacketts aus Samt tragen nur die Gastgeber im eigenen Haus.
Frack: »White Tie« – weiße Fliege, (nur der Maître trägt eine schwarze!), ist immer weniger der große Gesellschaftsanzug, dazu Manschettenknöpfe, Lackschuhe.
Cutaway (Cut): der »Frack des Tages«. Getragen bei Staatsbegräbnissen mit schwarzem Zylinder, bei akademischen Feiern, auf der Rennbahn mit grauem Zylinder. Bei Banketten anläßlich von Staatsbesuchen wird er auch schon durch den Smoking abgelöst.
Orden: zu festlichen Anlässen schmückt man/frau sich mit den landeseigenen Miniaturen.
Wichtig: Kleiden Sie sich nicht »besser« als die Gastgeber.

Hüte

werden von Damen bei offiziellen Cocktailpartys, Empfängen, Gartenpartys, Hochzeiten und Pferderennen getragen. ➪ *Trauer*
Innerhalb geschlossener Räume behalten Damen ihren Hut bei oben genannten Gelegenheiten auf, falls er nicht zu groß ist und stören würde (z.B. beim Essen). Im Theater/Kino nimmt ein Hut meistens anderen Personen die Sicht – hier wird er selbstverständlich abgenommen. Herren tragen Hüte nur im Freien (ausgenommen Synagogen ...).

Grüßen, Begrüßen, Bekanntmachen, Vorstellen

Die elementale Grammatik der Begegnung will gelernt sein.

Die starren Grußregeln von einst sind gottlob einer situativen Norm gewichen – doch Vorsicht! Bei vielen Gelegenheiten tritt das alte Rangordnungsschema wieder in Kraft.

Grüßen

Wer grüßt wen zuerst?

- Wer die andere Person zuerst erkennt. (Früher beging der Mann einen schweren *fauxpas*, wenn er die Frau nicht *immer* zuerst grüßte.)
- Der Mann die Frau
- Jüngere die Älteren
- Der/die Einzelne die Gruppe
- Wer zuletzt dazu kommt
- Rangniedere Personen die Ranghöheren. Im Geschäftsleben zählt nur die Autorität/die Hierarchie, d.h. der Jüngere wird als *Vorgesetzter* von dem älteren Mitarbeiter und der Auszubildenden gegrüßt, die Gruppe grüßt die Geschäftsführerin. Männer grüßen Kolleginnen. Souveräne Menschen pochen nicht auf ihr Recht: der Chef »darf« ruhig als erster seine Sekretärin grüßen. Treffen sich genannte Personen auf privatem Parkett, hat meistens wieder die erstgenannte Reihenfolge Priorität.

Wichtig beim Grüßen ist: Blickkontakt halten (Sie zeigen Interesse am Gegenüber), Lächeln (das ist die kürzeste Weg zwischen zwei Menschen!), gegrüßt werden auch die Begleitpersonen, gegrüßt wird ebenfalls beim Betreten des Wartezimmers, des Geschäftes, (des Fahrstuhls), des Zugabteils, der Sitzreihe im Flugzeug ... Wer also neu auf eine andere Gruppe stößt, grüßt die anderen.

Begrüßen mit Händedruck

Hier ist die Reihenfolge umgekehrt, weil gleichzeitig die Erlaubnis zum Anfassen erteilt wird. Berührung ist ein Angebot zur Kommunikation. »Hohe Tiere« strecken als erste die Hand aus. Eine gebotene Hand (auch wenn sie in unkorrekter Reihenfolge hingestreckt wird!) zu ignorieren, gilt als äußerst ungezogen!

Wer begrüßt wen zuerst?

- Ranghöhere Personen die Rangniederen
- Ältere die Jüngeren

- Die Frau den Mann

GastgeberInnen, egal ob privat oder im Geschäftsleben, genießen Hausrecht und reichen die Hand zuerst.

Formvollendetes »Pfötchengeben« will gelernt sein. Wem gebe ich *überhaupt* die Hand? Dabei kommt es stark auf die Erwartungshaltung der Personen an, denen ich begegne: Was im Fußballverein übertrieben/spießig wirken kann, ist beim Bewerbungsgespräch absolutes »Muß«. Treffe ich auf eine *Personengruppe,* muß ich mich entscheiden: jede(n) per Handschlag begrüßen oder keine(n). Ein verständliches »Guten Tag« ist jedoch Ehrensache. Zuerst alle anwesenden Frauen zu begrüßen kann man/n heute getrost vergessen, in großen Runden wird praktischerweise reihumgegangen und nicht hin und her »gesprungen«. Ist ein Ehrengast zu begrüßen, beginnen wir bei ihm/ihr. Im Berufsleben kann ritualisiertes Handgeben auch lästig sein: Möchte z.B. eine »Crew« nicht tagtäglich per Handschlag vom Abteilungsleiter begrüßt werden, muß sie das Thema ansprechen.

Natürlich zu sein, ist die schwierigste Pose, die man einnehmen kann (Oskar Wilde)

Begegnen sich zwei zum Austausch von Freundlichkeiten bzw. Höflichkeiten, ist folgendes zu beachten:

- Auf die zu begrüßende Person zugehen,
- *Freundlich* in die *Augen* sehen,
- offene Körperhaltung einnehmen, sich *ganz* der Person zuwenden,
- Männer mit Hut lüpfen jetzt selbigen kurz (wie auch beim Grüßen), falls *beide* Handschuhe tragen, können sie diese heute in eisiger Kälte anlassen, trägt SIE keine, zieht ER den rechten aus. Lange Ballhandschuhe bleiben, wo sie sind – an Hand und Arm,
- Blitzschnell abklären, wer die Hand zuerst ausstrecken muß,
- Die richtige Distanz einnehmen (ca. zwei Armlängen),
- Die *Rechte* in Alarmbereitschaft halten, die Linke aus der Hosen-/Jackentasche nehmen, Zigarette wechseln, Pfeife aus dem Mund, Kaugummi in die Backentasche, (zum Entfernen ist es jetzt meist zu spät!) ➪ *Kaugummi*
- Alsdann den gekonnten Handschlag zelebrieren: nicht zu fest (Schraubstock!), nicht zu schlapp (Waschlappen!), nicht zu naß, nicht zu flüchtig. Mehrmals geschüttelt wird in Deutschland nicht gern – es wird *nur* gedrückt. Einhergehendes Schulterklopfen und die linke Hand unterstützend zur Hilfe nehmen, ist bei Fremden unüblich. ➪ *Der gepflegte Mensch*

- Knickse und Diener können heute nur noch Menschen erwarten, die in der Hierarchie *ganz oben* stehen, wie Staatsoberhäupter und MonarchInnen: aber dann bitte formvollendet. Je nach Rangunterschied kommt der Diener aus der Hüfte heraus oder mit geneigtem Kopf daher. Begrüßungsritual mit Knicks sind Bürgerinnen, auch Prinzessinnen »vorgeschrieben«, sobald sie sich z.B. einer Königin zur offiziellen Begrüßung nähern dürfen.
- Wer sich kennt, sagt: »Guten Tag ...« und den Namen. Wer sich bislang nicht kannte, hat jetzt die Namen ausgetauscht und formuliert die gleichen Grußworte.
- Unter Freunden und Verwandten gelten andere Rituale. Hier sind auch die »Hallöchens« – »Tachchens« – »Grüß dich(s)« anzutreffen.
- *Handschlag und Begrüßung in anderen Ländern:* Wir unterscheiden in berührungsfreundliche und berührungsfeindliche Länder. Vom Naseaneinanderreiben (Eskimos und Maori) über den osteuropäischen Bruderkuß bis zur Verbeugung ohne Augenkontakt (Japan) lassen wir andere Menschen spüren, was wir von ihnen denken und wie wir selbst fühlen. In allen nordischen Ländern (auch USA) begrüßt man sich mit einem distanzierten Händedruck, der auch oft ganz weggelassen wird. Ganz anders in südlichen Ländern – hier wird die Hand richtig geschüttelt, es wird umarmt und geküßt.

Die Bussi-Gesellschaft

Hingehauchte Küßchen – links, rechts, (links), sozusagen der Ohrläppchenkuß, will uns sagen: »Laß uns demonstrieren, wie sehr wir uns mögen – oder wenigstens so tun! Im Norden Deutschlands sollte man sich dafür mit Namen kennen, im Süden schon einmal getroffen und miteinander geredet haben. Dann küßt Alt ⇨ Jung, Frau ⇨ Frau, Frau ⇨ Mann. In Italien auch Mann ⇨ Mann. Aber auf jeden Fall ohne Kaugummi!

»Diese Akkolade (franz. Ritterschlag), kann ich nicht ausstehen – wie wehre ich mich dagegen, ohne den/die andere(n) zu verletzen?« Falls auf Ihre betont förmliche Körperhaltung mit eindeutigem Handhinstrecken keine Antikußreaktion geschieht, müssen Sie das Problem verbalisieren, indem Sie sagen: »Ich fühle mich wohler, wenn wir beim Händedruck bleiben«. Oder so ähnlich.

Aufstehen oder sitzenbleiben?

Generell gilt: überall dort, wo das Aufstehen große Unruhe erzeugen würde, kann es heute unterbleiben (Restaurant, Sitzungen ...) Andererseits *wird* aufgestanden, um mit den zu begrüßenden Personen auf eine Gesprächsebene zu gelangen und um ihnen Respekt zu erweisen. Männer stehen zur Begrüßung – egal bei welchem Geschlecht – immer noch auf. Sie sollten wissen, daß sich ihre Geschlechtsgenossen etwa in Amerika erheben, sobald eine Frau vom Tisch aufsteht und an ihn zurückkehrt. ⇨ *Restaurant*

Damen durften in der Vergangenheit sitzen bleiben, es sei denn, eine sehr viel Ältere bot ihnen die Hand, oder der Papst schaute vorbei. Heute stehen Frauen im Berufsleben je nach Situation ebenfalls auf, um ja alles mitzubekommen! Um Kunden und

GeschäftspartnerInnen zu begrüßen (und ihnen entgegen zu gehen), ist das Aufstehen ohnehin erforderlich, bei Frauen wie bei Männern.

Bekanntmachen durch Dritte

Wer wird wem bekannt gemacht?

- ER wird IHR bekanntgemacht
- Die Jüngeren den Älteren
- Der/die Einzelne der Gruppe
- Die rangniedere Person der ranghöheren

Hier gilt: der/die Ranghöhere erfährt den Namen des/der anderen *zuerst.* Beim Geschlecht, dem generationsbedingtem Altersunterschied und im Berufsleben sind die Positionen klar erkennbar – hier funktioniert diese Art des Bekanntmachens durch Dritte. Auf privatem Parkett kann nicht stundenlang »auseinanderklamüsert« werden, wer nun wo auf der Hierarchieleiter steht, darum werden heute nur noch die drei erstgenannten Reihenfolgen empfohlen.

Moderne Redewendungen beim Bekanntmachen sind:

»Ich möchte Sie gerne mit Herrn/Frau ... bekanntmachen«.
»Haben Sie sich schon bekanntgemacht?«
»Kennen Sie sich schon?«
»Schwiegermama, ich möchte, daß Du meine Freundin Wanda kennenlernst.«
»Darf ich bekannt machen?« und ähnliche Bittformen sind im Umgang mit älteren Personen immer noch akzeptabel.
Geantwortet wird *nicht* mit: »Angenehm«, »Sehr erfreut«, sondern einfach mit: »Guten Tag« oder einer anderen Tageszeit. »Sie sind das also, von dem ich schon so viel gehört habe« kann beim Gegenüber ein: »Ja, was denn alles?« auslösen. Wohl dem, dem jetzt etwas Positives einfällt! ➪ *Floskeln*

Sich selbst bekannt machen

Gastgeber machen Gäste miteinander bekannt. Geschieht dies aus irgend einem Grunde nicht, können wir uns (wie auch bei anderen Gelegenheiten) selbst bekannt machen. Dabei stellt z.B. der Ankommende zuerst seine Begleitung vor: »Frau Dr. Vierzig, dies ist mein Arbeitskollege Peter Sonntag.« Oder einfach: »Herr Sonntag – Frau Doktor Vierzig«. Wer etwas *Nettes* über den Beruf, das Hobby, etc. dazufügt bringt Leute schneller ins Gespräch.
Machen wir uns selbst bekannt, leiten wir dies am besten mit den Worten: »Guten Tag, ich bin ...« ein, den eigenen Titel lassen wir weg. Vor der Namensnennung eine kleine Pause machen und um eine *deutliche* Aussprache bemüht sein! Formulierungen wie: »Mein Name ist ...«, »Ich heiße ...« drücken weniger Selbstbewußtsein aus, als »Ich bin ...«

Die Frau hat heute *offiziell* drei Möglichkeiten sich bekannt zu machen:
»Ich bin Franziska Boss«
»Ich bin Frau Boss«
»Ich bin Frau Franziska Boss«
Ich plädiere für die erstegenannte Form, denn das Geschlecht dürfte ja ersichtlich sein, wenn man/frau voreinander steht!

Der Mann stellt sich vor:
»Ich bin Peter Müller-Thurgau«
Er benützt dabei nicht die Bezeichnung »Herr«.

Nicht nur bei häufigen Namen ist die Nennung des Vornamens sinnvoll, um aus dem Allerwelts-Meier einen persönlichen Meier zu machen. Je mehr Sie *vor* dem Nachnamen sagen, um so besser kann sich das Ohr Ihres Gegenüber auf den Klang Ihrer Stimme einstellen – die Hörintensität verbessert sich.

Bittformulierungen wie: »Gestatten/erlauben Sie, daß ich mich Ihnen bekannt mache?« sind der älteren Generation vorbehalten, die diese Formulierungen schon immer benutzt hat.

Im Krankenhaus freuen wir uns über Ärztinnen, Ärzte und Pflegepersonal, die sich uns bekanntmachen.

Vorstellen

ist förmlicher und nur noch auf offizielle Anlässe beschränkt – es erfolgt immer durch Dritte.

Es wird vorgestellt:
- Die rangniedere Person der ranghöheren
- Der Mann der Frau
- Jüngere den Älteren

Wer z.B. als RednerIn oder SeminarleiterIn vor ein Auditorium tritt, sollte von einem Dritten vorgestellt werden. Erfolgt dies nicht, nennt er/sie seinen/ihren Namen ohne Titel und Ämter, aber mit der Aufgabe/Funktion. Zur Begrüßung des Publikums wird das andere Geschlecht zuerst erwähnt. Eine Rednerin sagt dann: »Meine Herren und meine Damen«. Ein Redner macht es umgekehrt.

Das neue Namensrecht

Heute haben Ehepartner die Möglichkeit, ihren Geburtsnamen zu behalten. Das kann beim Bekanntmachen Verwirrung stiften: sind die beiden nun verheiratet oder nicht? Eine Hilfestellung beendet das Rätselraten: »Ich möchte Sie gerne mit Frau Schmidt und ihrem Mann, Herrn Westernhagen, bekannt machen.« Oder: »Dies ist meine Frau,

Franziska Boss, ich bin Willy Willig.« Bei unverheirateten Paaren hört sich »Meine Lebensabschnittspartnerin«, »mein derzeitiger Freund«, »meine Partnerin ...« je nach Alter und Situation nicht sehr glücklich an. Ich empfehle entweder den Namen der betroffenen Person zu nennen: »Das ist Herr Schneider«. Bei älteren Menschen und langen Beziehungen lasse ich z.B. einen Gruß an »Ihre Frau« ausrichten.
Doppelnamen sollen die Menschheit nicht verwirren, wie immer noch angenommen wird, sie sollen hingegen verhindern, daß die/der TrägerIn durch Heirat namentlich von der »Bildfläche« verschwindet. Wer einen Doppelnamen führt, hat das Recht, auch mit ihm angesprochen/angeschrieben zu werden.

Dame, Frau, Fräulein, Oma

Die Verkleinerungsform von Frauen wird heute nur noch von Ignoranten und Machos benutzt. (»Männlein!«) Rein rechtlich wird jedes weibliche Wesen ab Volljährigkeit mit »Frau« angeredet, egal, ob verheiratet oder nicht – es sei denn, die junge Dame möchte wirklich »Fräulein« genannt werden. Auch *vor* der Volljährigkeit können junge Damen getrost mit einem respektvollen »Frau« angeredet werden. Bei älteren, unverheirateten Frauen, die an ihr »Fräulein« gewöhnt sind, zeigen moderne Zeitgenossen Verständnis.
Frauen können Damen sein, müssen aber nicht so angeredet werden. Das entschieden die fünf männlichen Richter des Oberlandesgerichts Lüneburg 1991. Damit verlor Gerda Rechenberg ihren zwanzigjährigen Kampf für eine behördliche Anrede als »Dame«. Frau oder Fräulein sei eine bloße Geschlechtsbezeichnung – und Männer hätten ein Recht auf die Anrede »Herr« argumentierte sie. Die Richter hingegen meinten, die deutsche Sprache sei wie eine Pflanze. Ihre Entwicklung verlaufe zuweilen unlogisch. Als Kind wurde ich oft korrigiert. Sagte ich: »Die Dame im Geschäft hat gesagt ...« war das natürlich eine »Frau«, es sie denn, sie war die Inhaberin und verkehrte mit allen »wichtigen« Leuten in der Stadt.
Wirklich wütend macht es mich, wenn das Pflegepersonal in Heimen und Krankenhäusern ihre alten Patienten herablassend mit »Oma« und »Opa« tituliert – schrecklich unhöflich und ein eindeutiger Verstoß gegen die Menschenwürde! ➪ *Du oder Sie?*

Titel

- Beim Bekanntmachen durch Dritte werden Titel und akademische Grade genannt, im privaten, gesellschaftlichen Bereich wird heute immer häufiger auf diese Angaben verzichtet. TrägerInnen akademischer Grade legen oft weniger Wert auf deren Verwendung als angenommen wird. Titelträger machen es Ihren GesprächspartnerInnen leicht, indem sie sagen: »Ach, lassen Sie doch bitte den *Professor* weg.« ➪ *Visitenkarte*
- TrägerInnen akademischer Grade reden sich untereinander nicht mit Titel an. Der »Herr Doktor« ohne anschließende Namensnennung ist nur dem praktizierenden Arzt/Ärztin vorbehalten – aber auch bei einem Arztbesuch hört sich ein: »Guten Tag, Frau Doktor Piekfein« wesentlich gekonnter an.

- Wenn man bedenkt, daß heute jeder hundertste Doktortitel aus Eitelkeit oder ökonomischen Interesse gekauft ist, denkt man sich sein Teil, sobald sich jemand mit: »Mein Name ist Dr. Würg vorstellt!« Alle Doktoren mit einem h.c.-Titel (honoris causa = »ehrenhalber«), dürfen sich natürlich damit schmücken: sie leisteten/unterstützten ein Projekt wirtschaftlich, politisch oder finanziell.
- Im *privaten* Bereich änderten sich die Anreden für den Rektor der Universität: »Eure Magnifizenz« – heute »Herr Professor«, für einen Dekan: »Eure Spektabilität« – heute »Herr Professor«, »Kardinal« – »Eure Eminenz« oder heute schon: »Herr Kardinal«, »Bischof« – »Exzellenz« oder heute schon: »Herr Bischof«, Katholischer Geistlicher: »Hochwürden« oder »Herr Pfarrer«. Der Papst bleibt »Eure Heiligkeit« oder »Heiliger Vater«. Haben wir mit betitelten Häuptern ganz privat zu tun, dann ist z.B. die Oberbürgermeisterin, (sonst: »Frau Oberbürgermeisterin«), einfach Frau XYZ.
- Militärangehörige werden von Frauen mit »Herr« und Namen angeredet. Im allgemeinen verzichten auch Männer auf dem privaten Parkett auf den »Offizier«, je nach Alter und Situation kann hier aber anders entschieden werden.

Adelsprädikate

Adelsbezeichnungen gelten seit der Weimarer Verfassung von 1919 als Bestandteil des Namens. Viele Menschen empfinden sie als ein Relikt aus alten Zeiten. Wenn es sich um einen »betitelten« Adel handelt (Graf, Herzogin ...), ersetzt das Adelsprädikat das sonst übliche »Herr« oder »Frau«, dabei wird das »von« weggelassen.

Mündliche Anrede

- Graf Dracula - nicht Herr Graf Dracula
- Baronin Mottenburg oder Frau von Mottenburg
- »Guten Tag, Baron« oder »Guten Tag, Herr von ...«

Beim unbetitelten Adel wird das »von« stets mitgenannt und ausgeschrieben, zum Beispiel: Johann Wolfgang von Goethe wäre mit Herr von Goethe anzureden gewesen.
In der *mündlichen* Anrede wird »Freiherr«/«Freifrau« nicht gebraucht, Freiherr von Heeremann ist ein »Herr von Heeremann«, wäre er Minister: »Minister Heeremann«

Anschrift und briefliche Anrede

(Herrn) Freiherr Maximilian von Drachenfels, »Sehr geehrter Herr von Drachenfels«
(Frau) Sonja Gräfin Bernadotte, »Sehr geehrte Gräfin Bernadotte«
Prinzessin Monika zu Isenburg, »Sehr geehrte Prinzessin zu Isenburg«.

Im Berufsleben wird aus dem »Graf(en) zu Geröllheim« oft ein »Herr zu Geröllheim«. Prinzen und andere Durchlauchte werden bei hochoffiziellen Einladungen mit »Hoheit«, »Königliche Hoheit« angeschrieben und angeredet, oder mit z.B. »Prinz zur Lagune«, was wohl die gebräuchlichste Form ist. Die Protokollchefs der verschiedenen Bundesländer sind sich da keineswegs einig. Hat der Prinz einen Doktortitel, so heißt es: »Dr. Prinz zur Lagune«. Aber es sind auch sehr viel lockerere Anredeformen üblich, vor allem im Geschäftsleben und natürlich auch die Kehrseite: Rücksicht nimmt man natürlich auf die Tradition bei älteren Personen. Und bei Unklarheiten hilft nur fragen, fragen, fragen ...!

Bei offiziellen oder protokollarischen Einladungen sollten Sie die Frage der richtigen Anrede auf jeden Fall *vorher* klären. Auskunft geben die Protokollabteilung der Senats- und Staatskanzlei und der »Gotha« (Genealogisches Handbuch des Adels).

Geben Sie doch *Erleichterungen zum Gesprächseinstieg:*
»Herr Adam ist neu in der Firma« – »Frau Braun wohnt seit kurzem neben uns«, »Herr Schmidt hat die Buchhandlung von Frau Werner übernommen.« »Sind wir uns nicht bei der Entziehungskur in Likörsheim begegnet?« ist natürlich vollkommen daneben!
Geben Sie auch im Berufsleben Hilfen zu Ihrer Person: »Ich bin Sabine Mangold, die neue Laborleiterin«. »Ich bin Hans Hinderer, ich vertrete heute Herrn Maus«.

Das Namensgedächtnis

Kennen Sie das? Ein Gesicht am falschen Ort. Es stiftet Verwirrung – neulich noch gekannt, heute kann man sich nicht mehr erinnern, wo man die Person getroffen hat – aber man *müßte* sie kennen!
Vorweg gesagt: bei Menschen, die uns wirklich interessieren oder für uns besonders wichtig sind, klappt das Namensgedächtnis hervorragend! Bei den vielen anderen, denen wir täglich begegnen, müssen einige Tricks angewendetet werden, um sie auch nach größeren Zeitabständen noch mit ihrem Namen anreden zu können.

- Sich auf den »neuen« Menschen konzentrieren und aufmerksam zuhören.
- Stellen Sie sich den soeben erfahrenen Namen bildhaft vor – möglichst in einer Übertreibung. »Frau Leuchtner« erstrahlt aus tausend Lüstern in einer großen Halle. Auch die akustische Zuordnung ist ebenso hilfreich wie die optische.
- Fragen Sie nach, falls Sie den Namen nicht verstanden haben.
- Bei kompliziert klingenden Namen fragen Sie bitte nach der Schreibweise oder auch nach der Visitenkarte, der Telefonnummer.
- Vielleicht haben Sie ein Namensbeispiel aus Ihrer Bekanntschaft, das so ähnlich klingt – und schon können Sie wunderbar miteinander reden; nicht nur über den Namen.
- Wiederholen Sie den Namen im Gespräch des öfteren – aber nicht »ständig«, das wirkt anbiedernd.
- Schreiben Sie sich den Namen später diskret auf.
- Haben Sie selbst Verständnis für Verwechslungen, geben Sie Hilfen, wenn Sie merken, daß der/die andere verlegen nach Ihrem Namen sucht.

»Gatte«, »Frau Gemahlin« und die »Gnädige«

sind nicht mehr modern. Von seiner Frau spricht ER nicht als »meine Gattin« oder »meine Frau Gemahlin« (Ehegespons, Angetraute ...) und umgekehrt. (Übrigens war das noch nie *fein.)* Wir richten in »normalsterblichen Kreisen« Grüße an »Ihren Mann«, »Ihre Frau« aus. In Östereich sind die »GatteInnen« noch üblicher. Ehefrau oder Ehemann möchten in Begrüßungsreden und Ansprachen keine »GattInnen-Marginalie« sein, sondern eine eigenständige Person, d.h. beim Namen genannt werden.
»Gnädige Frau« ist heute nur noch als Respektserweisung bei betagten Damen angebracht. Schmunzelnd lasse ich die »Gnädige Frau« von gutmeinenden älteren Schaffnern in der Bahn über mich ergehen.

Der Handkuß

Früher war der Handkuß *nur* verheirateten Frauen vorbehalten! Ehre welcher Ehre gebührt?
In Österreich und Polen wird ein formvollendeter Handkuß noch zelebriert – in Deutschland ist er z.Z. nicht modern. Tanzschulen vermelden jedoch einen verstärkten Wissensdurst über die Technik. So sollte der Handkuß stilvoll zelebriert werden – wenn's denn sein muß!

- Vorausetzung ist, daß die Dame dem Herrn »willenlos« ihre *nackte* Hand überläßt. (SIE bestimmt selbst, ob sie auf diese Weise begrüßt werden möchte.) Ein junger Mann in einem meiner Seminare meinte dazu: »Ist doch eigentlich egal, wie SIE mir die Hand reicht – ich drehe sie mir zum Küssen schon richtig hin!«
- Der Herr ergreift (hutlos!) die Hand der Dame an den Fingerspitzen, zieht die Hand *ein wenig* zu sich herauf und beugt sich über den Handrücken der Dame.
- Die Lippen berühren die Haut *nicht* und werden auch nicht *gespitzt.*
- Handküsse gibt Mann nicht auf der Straße, in der Öffentlichkeit (Theater, Strand, ...), es sei denn, er hat ein gekröntes Haupt, und auch nicht am *Arbeitsplatz* und im *Sitzen.* Der Garten gilt als nichtöffentlicher Raum.
- Die Hand der attraktivsten Dame herauspicken und die anderen übersehen gilt nicht: wer *einer* Frau die Hand küsst, muß *allen* anwesenden Frauen ebenfalls die »Ehre« zuteil werden lassen.

Private Briefe wurden früher *nur* mit der Hand geschrieben. Heute sind die meisten Handschriften verkümmert, d.h. äußerst schlecht lesbar. (Eine sehr schlecht zu entziffernde Schrift ist auch eine Form von Unhöflichkeit.) Um es den AdressatInnen leicht zu machen, können private Briefe auch per Computer oder Schreibmaschine verfaßt werden. Eine nette Geste ist es dann, die Anrede sowie die Grußformel handschriftlich einzufügen – was allerdings auch einen Geschäftsbrief/Werbebrief aus der Masse hervorhebt ➪ *GastgeberInnen/Einladung*

Die Briefanschrift

Auf dem Kuvert wird bei der Anschrift von Paaren (international verbreitet), der Mann vor der Frau genannt. Wer möchte, kann auch den Namen der Frau voransetzen – in jeden Fall gilt das aber, wenn z.B. eine Einladung IHR gilt. *Im* Brief ist die Reihenfolge umgekehrt. Nur noch zwei Fassungen sind heute korrekt:

- Herrn Peter Boss und Frau Franziska Boss
- Herrn und Frau Peter und Franziska Boss

In »aufgeklärten« Kreisen hat Herrn und Frau Peter Boss keine *Gültigkeit* mehr, weil die Frau hierbei als eigenständige Person unberücksichtigt bleibt. Das gilt natürlich auch für *Frau Franziska Boss und Gemahl!* Doppelnamen »zerstückelt« niemand eigenmächtig. ➪ *Das neue Namensrecht*

Akademische Titel und Ehrentitel werden in der Anschrift genannt, aber nur denen zugeordnet, die sie auch erlangt haben.
Ehemänner von Professorinnen sind nicht »Herr Professor« und umgekehrt. Toleranz ist auch hier bei alten Herrschaften angebracht, z.B. wenn die Frau des Arztes stets die Frau Doktor war. In Östereich ist diese gemeinsame Form noch üblich.
Nennen Sie mit dem Titel auch immer den Namen. Bei mehreren Titeln wird nur der höchste genannt. Nur in der Briefadresse werden alle Titel aufgeführt.

Amtsträgerinnen wie einen Mann zu betiteln, gilt schon als peinlich; auch wenn es noch etwas ungewohnt klingt, lautet die korrekte Anrede der Präsidentin des Deutschen Bundestages, Frau Professorin Dr. Rita Süßmuth,

- Frau Päsidentin,

und entsprechend heißt es

- Frau Staats-/Bundesministerin,
- Frau Ministerialdirektorin,
- Frau Botschafterin,
- Frau Oberbürgermeisterin,
- Frau Rektorin, Direktorin ...

An *den* Bundesminister für ... zu schreiben, wenn der Behörde eine Frau vorsteht, wirkt ein bißchen krampfig, also bleibt die Behördenanschrift in der sächlichen Form erhalten, z.B.: Bundesministerium für Justiz, (früher) Frau Bundesministerin Sabine Leutheusser-Schnarrenberger.

Schriftliche Anrede

- Den Empfänger des Briefes, falls möglich, immer direkt ansprechen:
- Sehr geehrte Frau ... (die »Hochverehrte gnädige Frau« oder die »Sehr verehrte Frau Boss« sind nur noch ganz vereinzelt anzutreffen!)
- Sehr geehrter Herr ...
- Der Titel wird vorangestellt: »Dr.«, »Professor« ...
- Sehr geehrte Damen und Herren
- Sobald eine persönliche Beziehung aufgebaut wurde, kann die Anrede auch z.B. »Guten Tag«, »Guten Morgen«, (liebe) Frau Groß« heißen.

Abkürzungen

Briefe sollen verständlich formuliert sein, bitte kein Amtsdeutsch gebrauchen – davon gibt es immer noch genug, sondern Elemente der mündlichen Kommunikation entnehmen.

Abkürzungen bitte vermeiden, wie: z. B., ggf., u. U., evtl., ...
»Zu Händen« (z. Hd.) ist gar nicht mehr nötig. Die Abkürzung MfG = Mit freundlichem Gruß wird als äußerst unhöflich eingestuft – so viel Zeit muß sein!

Briefliche Grußformeln

Heute ist fast alles erlaubt, was von »Herzen« kommt!

- Willkommen zu Hause, liebe Frau Schütz, hatten Sie einen schönen Urlaub?
- Grüß Gott, Herr Lange,
- Dank Dir ...
- Mit der Bitte um Verständnis und einem freundlichen Gruß ...
- Für heute einen herzlichen Gruß ...
- Freundliche Grüße von Haus zu Haus ...
- Freundschaftliche Grüße aus ...
- Alles Gute, Beste Grüße ...
- Das »Hochachtungsvoll« steht nach wie vor unter Mahnschreiben, z.B. des Finanzamtes.

Heute ist das Telefon das am meisten genutzte Kommunikations- und Werbemedium. Alle telefonieren, werden angerufen, geben Auskünfte, leiten Gespräche weiter, informieren sich, reklamieren, beraten.

Sokrates sagte schon: »Sprich, damit ich Dich sehe!«

Eine akustische Verbindung ist hergestellt: Treten wir also in Dialog. Unser *vis a vis* sehen wir nicht – wir bekommen also kein feedback über die derzeitige Gefühlslage am anderen Ende. Ob jemand genervt, glücklich, gelangweilt etc. ist, hören wir zwar an seiner/ihrer Stimmlage, aber keine Zusatzinformation ist ablesbar aus Körpersprache, Gesichtsausdruck, Aufmachung. Genauso haben *wir* als Kommunikationsmittel nur unsere Sprache.
Wer im Geschäftsleben telefoniert, weiß, daß es bei aller Normalität eine Kunst ist, GeschäftspartnerInnen und KundInnen für sich zu gewinnen. Gute Umgangsformen und Einfühlungsvermögen sind auch hier Voraussetzung für ein optimal geführtes Gespräch.

Allgemeingültige Regeln im beruflichen Leben

Anrufen:

- Die besten Telefonzeiten sind zwischen 9.00 – 11.30 Uhr, am Nachmittag zwischen 14.00 – 16.00 Uhr. Zu diesen Zeiten erreicht man die meisten, wobei es Abweichungen gibt für: *Handwerker* (7.00 – 9.00 und 16.00 – 18.00),
  Rechtsanwälte (8.00 – 9.00 und 14.00 – 16.30),
  Handelsvertretungen (8.00 – 9.30 und 17.30 – 20.00),
  Der *Groß-und Einzelhandel* sowie *Ärzte* sind auch ab 8.00 Uhr zu erreichen, *Ärzte* abends oft bis 20.00 Uhr, der *Groß- und Einzelhandel* bis ca. 15.30 Uhr.
  Die *Redaktionen der Printmedien* halten am Vormittag ihre Sitzungen ab, am günstigsten ist hier der Nachmittag bis in die Abendstunden.
- Gruß (Firmennamen) und eigenen Namen *deutlich* nennen. Vor- und Zuname ist angesagt, falls Sie z.B. »Burr«, »Muß«, »Rauss«, »Rein« heißen; so ein gebrummtes »Burr« hat schon reihenweise Leute wieder auflegen lassen! »Konstantin Burr« hat eine ganz andere Klangqualität und läßt Sie als ganzen Menschen erscheinen. Das gleiche gilt als Unterscheidungsmerkmal für die Meiers, Müllers, Schulzes ...
- »Guten Tag« (je nach Tageszeit) ist Standard, ein: »Haben Sie einen Moment Zeit für mich?« von Fall zu Fall angebracht. Also nicht gleich loslegen. Jeder braucht einige Sekunden, um quasi »umzuschalten«. Diese Zeit wird durch langsames und genaues Formulieren überbrückt.

- Auch nicht mit »bitte« und »danke« geizen
- Persönliche Ansprache und *lächeln!* Es ist auf der anderen Seite zu *hören!*
- Bei unverhoffter, wichtiger Gesprächsunterbrechung entschuldigen, falls diese länger dauert, einen erneuten Rückruf vereinbaren.
- Eine Gesprächsnotiz machen
- Verwählt oder falsch verbunden? Ein »Entschuldigen Sie bitte« ist Pflicht.
- Der falsch Angewählte quittiert die Entschuldigung mit einem »Bitte sehr.«
- Private Schwätzchen am Arbeitsplatz können nervend bis lächerlich sein, falls jemand mithört: »Sag mir doch mal schnell, daß du mich liebst!«
- Nicht unvermittelt das Gespräch abbrechen, sondern dafür bedanken (Ergebnisse wiederholen). Das stereotype *»Einen schönen Tag noch«* kann schon kaum jemand mehr hören! Besser: sich für das (interessante) Gespräch/die genommene Zeit zu bedanken.

Angerufen werden

- Melden mit Firmen/Abteilungsnamen sowie dem eigenen (Vor-und Zuname siehe oben). Nie mit anonymem »Hallo« oder »Ja bitte«. Wird über das Sekretariat verbunden oder unter der Durchwahl angerufen, genügt eigentlich der eigene Name – hier werden in den Unternehmen/Behörden jedoch unterschiedliche Absprachen getroffen.
- »Was kann ich für Sie tun?« ist auch einer dieser netten Sätze.
- Bei einer falschen Verbindung wird versucht, zu helfen.
- Bedienen Sie das Telefon einer Kollegin/eines Kollegen, sollte dies auch zum Ausdruck gebracht werden: »Apparat Sommer, mein Name ist Winter – kann ich etwas ausrichten?«
- Nie weiterreden, während Sie den Hörer hochnehmen – diese Unsitte soll wahrscheinlich Geschäftigkeit ausdrücken, ist aber nur unhöflich!

Während eines Telefonats bitte nicht:

Essen, Trinken, Rauchen (RaucherInnen untereinander stört es meistens nicht, wenn am Telefon geraucht wird – NichtraucherInnen irritiert ein Ausblasen statt einer Antwort!), mit (unnötigen) Papieren rascheln, ständig etwas suchen, Kugelschreiber auf- und zuknipsen, dem Gegenüber ins Ohr brüllen, betont leise oder undeutlich sprechen, arrogante Sätze sagen, wie: »Das ist falsch....« »Das können Sie gar nicht wissen« »Passen Sie mal auf!« »Vergessen Sie nicht, was Sie sagen wollten – ich muß jetzt erst mal folgendes fragen ...«, sich mit Dritten unterhalten, unfreundlich sein, zu viele Fremdworte benutzen, jemanden in der Leitung hängen zu lassen.

Statt dessen:

Öfter mal im Stehen telefonieren – nicht nur wegen der Bandscheiben, der Klang der Stimme verbessert sich.

Aktiv zuhören, dem anderen signalisieren, daß Sie ihn verstanden haben, Namen, Telefonnummern und Ergebnisse notieren, nach dem nichtverstandenen Namen (und akademischem Titeln) fragen, »Rufen Sie von auswärts an?« – wegen der Kosten, ausreden lassen. Solches Telefonverhalten macht sympathisch.

Absolute Kreativitätskiller sind Floskeln am Telefon

Hier eine kleine Auswahl der beliebtesten und Vorschläge, wie Sie es besser machen.

»Da ist eine Frau Meier für Sie!«
»Frau Meier ist für Sie am Telefon.«

»Der Chef ist in einer wichtigen Besprechung.«
»Der Chef (oder Herr/Frau Emsig) ist leider momentan in einer Besprechung.«

»Wie war doch gleich Ihr Name?«
»Sagen Sie mir bitte nochmals Ihren Namen?!«
»Darf ich Ihren Namen notieren?«
»Ich bitte Sie, Ihren Namen zu buchstabieren, damit ich (wir) Sie korrekt anschreiben können.«
»Mache ich etwas falsch, wenn ich Ihren Namen folgendermaßen buchstabiere?«

»Um was geht es denn?«
»Was darf ich ausrichten?«
»Welches Stichwort darf ich dazu vermerken?«(Um z.B. die Notiz weiterzuleiten).

»Ihr Termin ist da!«
»Herr/Frau Soundso ist für Sie jetzt da.«

»Herr Klein ist nicht da!«Oder auf dem Klo, Squash spielen...«
»Sie können Herrn Klein morgen erreichen.«

»Da müssen Sie warten.«
»Wollen Sie einen Moment warten?«

»Geben Sie mir geschwind Ihre Telefonnummer«
»Darf ich Ihre Telefonnummer notieren?«

»Was ist Ihr Problem?
»Wie kann ich Ihnen helfen?«

»Da muß ich Sie verbinden«
»Ich verbinde Sie gerne weiter.«

»Dafür bin ich nicht zuständig«
»Dafür ist Frau Ypsilon zuständig – ich verbinde Sie gerne weiter.«

»Den Herrn Walter gibt es nicht mehr.«
»Herr Walter arbeitet leider nicht mehr in der Firma.«

»Das müssen Sie entschuldigen.«
»Entschuldigen Sie bitte.«

Regeln für privates Telefonieren

Pauschal gesagt, gelten die gleichen Höflichkeitsformen wie für den geschäftlichen Bereich, mit einigen Ausnahmen.

- Wer angerufen wird, hat heute mehrere Möglichkeiten sich korrekt zu melden: Mit seinem vollen Namen, Kinder mit Vor- und Nachnamen der Unterscheidung wegen, mit »Ja, bitte«, »Hallo, guten Tag« oder ähnlichem. Belästigungen am Telefon nehmen zu – niemand *muß* seinen Namen preisgeben.
- Strikte Tabuzeiten für den privaten Anruf gibt es immer weniger. Auch hier kommt es wieder auf die Situation an: Dringende Anrufe werden sowieso getätigt, bei allen anderen sollte man sich in die Situation des Telefonteilnehmers hineinversetzen.

- **Als Faustregel kann gelten: Nicht anrufen**
- wochentags – morgens vor 9.00 Uhr, in der Mittagszeit von 13.00 bis 15.00 Uhr (Kinder essen, machen Hausaufgaben, ältere Menschen ruhen ...), abends nach 20.30 Uhr, am Wochenende morgens später.
- Ich würde nie bei fremden Leuten um 20.00 Uhr zur Tagesschauzeit anrufen. Rücksicht nehme ich ebenso auf Kinderinsbettbringzeiten, Fernsehgewohnheiten und FrühschläferInnen.
- Pluspunkte sammelt man als Anrufende/r auf jeden Fall mit Fragen wie: »Störe ich auch nicht?« o.ä. Das sind keine *Floskeln* und die Frage sollte *ehrlich* beantwortet werden. Stilvoll ist das Angebot, zurückzurufen (Termin vereinbaren).
- In den Hörer zu flöten: »Rate mal, wer hier ist!« ist absolut lächerlich!
- Auch beim privaten Gespräch sollten Nebentätigkeiten unterbleiben: »Erzähl doch weiter, ich wickele nur nebenbei die Kleine« Mit dem Mobiltelefon kann der Anrufer ja auf jedes Örtchen mitgenommen werden!
- Wer jemanden besuchen will, meldet sich vorher telefonisch an.

Ein Gespräch dauert mir zu lange – was kann ich tun?

Einfach auflegen geht nicht!
Aber: Den Telefonpartner durch gezielte Einsilbigkeit zum Ende bringen, keine Fragen mehr stellen, kein ermunterndes »Ach«, »Na so was«... »Schön, daß wir mal wieder voneinander gehört haben – aber nun muß ich leider Schluß machen.« Oder: »Es steht etwas auf dem Herd, gleich kommt Besuch, ich muß noch einkaufen.« Auch hier macht der Ton die Musik – und die kleinen Notlügen klingen viel besser als ein (ehrliches) verletzendes: »Menschenskind, haben Sie sich jetzt ausgequatscht?«

> *Übrigens ...*
>
> Junge Mädchen telefonieren nicht länger als Jungs! Frauen hingegen telefonieren anders und länger als Männer. Aber nur auf den ersten Blick. Männer führen lange informelle Gespräche vom Arbeitsplatz aus, Frauen vermischen in ihren Gesprächen eher Arbeit & Privates.

Der Anrufbeantworter

»Hier ist der Butler der Familie Schräg. Die Herrschaften nächtigen noch. Bitte hinterlassen Sie Ihre Aufdringlichkeiten nach dem Pfeifton«
Bei solch harmlosen Aufforderungen kann ich noch schmunzeln.
Nervtötende Ansagetexte sind selbstverfaßte und vorgetragene Lieder & Prosa, Kinderstimmen, die endlos erzählen, daß Papa nicht zu Hause ist. Sie kosten das Geld des Anrufers. Die eigene Telefonnummer braucht auch nicht mehr aufgesprochen werden – ich weiß ja, welche ich gerade gewählt habe. Also kurz und bündig: »Dies ist der Anschluß von ..., Sie können eine Nachricht hinterlassen, bitte nennen Sie Ihren Namen und Ihre Telefonnummer.« Nette Zusätze, wie: «Damit Ihr Anruf nicht vergeblich war ...« und: »Trauen Sie sich bitte, auf das unpersönliche Band zu sprechen«, haben schon manchen scheuen Fernsprechteilnehmer motiviert, nicht gleich wieder aufzulegen.
Einbrecher freuen sich über genaue Rückkehr-Termine: »Wir sind bis zum 15. Mai in Kalfornien.« Wer zurückgerufen werden will, sollte seinen Namen *und* seine Telefonnummer (damit nicht erst nach ihr gesucht werden muß – wichtig auch bei Fernabfrage) deutlich sagen, dazu den Tag und die Uhrzeit seines Anrufs – nicht alle Anrufbeantworter verfügen über eine Datumsanzeige. *Deutlich* und *langsam* die Message aufs Band zu sprechen, sollte eigentlich selbstverständlich sein! Wie oft ich manchmal ein Band abhören muß, um die Telefonnummer notieren zu können, spottet jeder Beschreibung! Vielleicht sollten diese Schnellredner beim sprechen einfach mal selber mitschreiben.
Wer verschreckt aufgelegt hat und es ein zweites Mal versucht, ist damit nicht allein auf der Welt, jedoch sehr souverän, wenn er sich auf seinen vermasselten ersten Anlauf bezieht. (»Ich war das gerade schon einmal... oder: »Dies ist mein zweiter Versuch mit Ihrer *Box*.«). Bei Bekannten genügt ja oft nur ein Satz: »Susanne Helbach-Grosser bittet um Rückruf.« Gar nicht komisch finde ich die Angewohnheit, Anrufe zu sortieren: Erst mal hören, wer dran ist – ist er/sie genehm, hebe ich ab!

Das Autotelefon

Bei Gesprächen aus dem fahrenden Wagen muß damit gerechnet werden, daß aufgrund des mäßigen Empfangs etwa jede dritte Silbe »verlorengeht«. Empfehlenswert sind hier nur Gespräche, die nicht viel Neues beinhalten, um dem Partner möglichst häufiges Nachfragen zu ersparen. Ansonsten anhalten, um vom Parkplatz aus zu sprechen.

Das »Handy«

»Mausi, ich kauf mir grad' ein Fischbrötchen!«

Rund 3,2 Millionen Handy-Besitzer demonstrieren Tag für Tag, daß der Umgang mit der permanenten Erreichbarkeit gelernt sein will.
Keine Frage: Das handliche Sprechgerät ist praktisch, rettet manchmal sogar Leben. Aber seit die Handymanitis umgeht, erregen sich die Gemüter (nicht nur) der Besitzlosen. Purer Neid? Mitnichten. Das Gepiepe an Orten, an denen es nicht piepen sollte, macht sensibel – eigentlich mehr das, was danach kommt. Dann greift ein Mensch, meistens ein Mann, an Hüfte, in Hosentasche oder Gepäckstück, zückt das Funki, und die Passivtelefonierer können durchweg nicht fliehen: aus dem Restaurant, dem IC-Abteil, dem Fitneßcenter, der Sauna, dem öffentlichen Verkehrsmittel, dem Tenniscourt und dem Golfplatz, dem Konzert, der Vernissage, der Beisetzung.
Kategorisch eingeteilt, lassen sich fünf Handy(fan)-Typen unterscheiden.

- *Der Rücksichtslose:* Mit seiner »Ohne-mich-läuft-gar-nichts-Miene« schwafelt er lautstark Nichtigkeiten an jedem noch so sakralen Ort, Blick ins Leere gerichtet, Kurzfassung unbekannt.
- *Der Belächelte:* Läßt sich immer noch durch Call-Agenturen anrufen, belegt jeden seiner Schritte telefonisch: »Schatz, jetzt steig ich in den Zug ein ...«, wird an südlichen Stränden gesichtet, wenn er und mit ihm sechs andere Halbnackte drollig aus den Fluten zur tönenden Badetasche hechten.
- *Der Aufschneider:* Verwechselt ständig unteres Management (wird angerufen) mit oberem Management (ruft an), merkt nicht, wie profillos er wirkt. Der inflationäre Gebrauch des Mobilen läßt sowieso keine eindeutige Zuordnung zu einer bestimmten sozialen Gruppe zu und hat langsam ein Manta-Image unter der Manager-Ausrüstung.

- *Die Niete:* Hat das Mobile bei Verkaufs-Gesprächen dabei, kündigt einen erwarteten Anruf nicht an, entschuldigt sich nicht für die Störung. Ihm geht der Auftrag durch die Lappen!
- *Der Rücksichtsvolle:* Merkmal: gediegenes öffentliches Telefonverhalten. Parliert auf Kongressen unauffällig abseits, schaut die Schul-Theater-Aufführung seines Kindes handylos an, (es sei denn, er ist Arzt in Bereitschaft). Weiß, daß Funktelefonieren in Flugzeugen, Krankenhäusern, an Tankstellen nicht willkommen, ja verboten, ist. Er weiß auch, daß die Schnurlosen nicht an Orte gehören, an denen andere Menschen ihre Ruhe haben wollen – sich konzentrieren oder genießen. Muß doch dringend telefoniert werden, beschränkt er sich auf ganz knappe Formulierungen. Kurz: er ist der wahre »Übergeordnete«, der ein beneidenswertes Sekretariat hat, das ihm allen belanglosen Kram vom Hals hält!

»Das lege ich Ihnen sofort aufs Fax!«
Dann sollten Sie das aber auch tun. Für das »sofort« haben Sie ca. 30 Minuten Zeit. Kommt etwas Wichtiges dazwischen, ist es höflich, anzurufen und um Aufschub zu bitten.

Im Geschäftsleben darf die Kurzmitteilung per Telefax:

- auch handschriftlich sein, falls *lesbar*
- mit einer Antwort darauf an den Absender zurückgefaxt werden, falls ein entsprechender Zusatz dafür vermerkt ist
- lieber nicht ohne Unterschrift sein
- auch ein kleineres Format als DIN-A4 haben. Eine vorgefertigte Fax-Seite sollte möglichst wenige dunkle Stellen und Umrandungen haben – das spart Zeit und Geld. Das Deckblatt kann eingespart werden
- ruhig als ein Dokument betrachtet werden, bei dem das Briefgeheimnis gewahrt wird!
- auch als Einladung (und Zu-/Absage) für gesellschaftliche Anlässe gesandt werden, sofern diese nicht offiziell sind. Natürlich ist der Brief auch hier stilvoller und persönlicher
- sogar eine Kündigung des Arbeitsverhältnisses beinhalten (Original folgt) – die Gerichtsurteile zu dieser Art von Urkunden ändern sich jedoch häufig.

Im Geschäftsleben sollte die Kurzmitteilung per Telefax *nichts* beinhalten, was sich stilvoller übermitteln läßt:

- An erster Stelle stehen Kondolenzschreiben (!), aber auch neckische Cartoons als Saisongrüße gehen höchstens von Schwester-/Tochterfirma zu Schwester-/Tochterfirma – nie zum Kunden.
- Vorsicht – Mit-Leser: Mahnbescheide, Vollmachten, Bürgschaftserklarungen, Scheidungsklagen, Zeugnisse sowie vertrauliche Daten von Ärzten und Anwälten (meistens sowieso rechtlich haltlos, weil Originalunterschrift erforderlich) können in fremde Hände gelangen oder als Irrläufer ganz verschwinden. Über unangeforderte Werbung regen sich zurecht alle auf.

Privat sind den Faxerinnen und Faxern (fast) keine Grenzen gesetzt. Beileidsübermittlungen sind aber auch hier *ganz daneben!*

Notebook und Diktiergerät

Damit läßt es sich wunderbar in Bahn und Flugzeug arbeiten. Aber das Klick-Klick der Tasten, monotones Sprechen und Abhören, kann Mitreisende belästigen. Wie wär's mal mit der nachsichtigen Frage, ob sich andere gestört fühlen? Das gilt auch für den *Walkman!*

Das Recht der mobilen Notebook-Weltreisenden besteht gewiß darin, in Ruhe gelassen zu werden; über die Schulter schauen ist nicht erwünscht – auch wenn gerade nur ein *Computer-Spielchen* läuft!

> *Übrigens...*
>
> ---
>
> Arbeiten Sie mit Ihrem Notebook nicht im Bett! Die Bettdecke verhindert u.U. die Belüftung von unten – es kommt zu Ausfällen.

Die Visitenkarte

Visitenkarten sind im Geschäftsleben speziell bei Auslandsaufenthalten unentbehrlich. Sie werden eingesetzt als:

- Information über unseren Namen, Adresse, Status, Tätigkeit und Erreichbarkeit, auch als Statussymbol. Mit ihr kommt man in Kontakt (schon öfter rettete die Visitenkarte eine »namenlose Beziehung«).
- Das *outfit* einer Geschäftskarte läßt schnell erkennen, wer ihr Besitzer ist: Kreative Berufe präsentieren sich mit Originalität; Schlichtheit (manchmal sogar *nur* der Name) ist in den oberen Unternehmens-Etagen angesagt. Wer durch einen auffallend guten Stil Eindruck machen möchte, sollte seine Agentur mit Stahlstich-Schrift, Lackbeschichtung und/oder Siebdruck beauftragen. Meistens hat man aber auf die Gestaltung seiner Visitenkarte keinen Einfluß: sie wird nach den Gepflogenheiten des Unternehmens angefertigt. Das eigene Foto auf Karton gilt als »degoutant«.
- Die Visitenkarte wird in manchen Ländern eher nebensächlich gehandhabt aber in anderen ist sie von immenser Bedeutung (südostasiatischer Raum, Nord- und Südamerika).
- Gerade in den Ländern, in denen wir uns mit den gängigen Fremdsprachen nicht verständigen können, muß auf eine penible Übersetzung der Karte in die jeweilige Landessprache geachtet werden. Viele Fluggesellschaften sind bei der Erstellung von mehrsprachigen Karten behilflich.
- Der eigene Familienname sollte in die Bedeutung des z.B. asiatischen Namens übersetzt werden und *genau* übereinstimmen. (»Schuster« heißt dann »Schuster« und nicht »Müller«.) Im Ausland soll der Text in der jeweiligen Landessprache beim Überreichen *oben* liegen.
- Visitenkarten, die wir selber überreicht bekommen, stecken wir erst *nach* dem Anschauen ein, (keineswegs gleichgültig).
- Bei großen Veranstaltungen, bei denen man vielen Menschen begegnet und so auch u.U. zahlreiche Karten »los wird«, überlegt man *vorher*, wo man sie deponiert, damit es kein Gesuche gibt. Stilvoll sind flache güldene Boxen (ideale Werbegeschenke – aber meisten vom Fassungsvermögen her zu klein). Ebensogut bietet sich aber auch die Jackentasche an.
- Haben Sie bitte für oben genannte Großveranstaltung *genügend* Karten dabei – natürlich müssen Sie sie nicht unter's Volk streuen, aber peinlich ist die Erkenntnis: »Sorry, meine letzte Karte habe ich gerade ausgegeben.«
- Drängen Sie Ihre *business card* nicht auf. Besser ist es, erst einmal nach *der* Ihrer Gesprächsperson zu fragen.
- Erhalten Sie eine Karte, ist es sinnvoll, einige Anhaltspunkte auf ihr zu notieren, vorausgesetzt, Sie sind kein Freund von Ratespielen.

Wortgewandt oder redselig?

Egal, wo wir sind, überall treffen wir Menschen, die mit uns reden wollen, müssen oder wir mit ihnen. Der Umgang mit der Sprache ist der Grundstock unserer Kommunikation.

Es war einmal ...

Konfuzius wurde einst gefragt: »Was würdest Du zuerst tun, wenn Du einen Staat zu verwalten hättest?« Er antwortete: »Ich würde die Sprache vereinheitlichen.«

In meinen Seminaren begegnen mir immer wieder Menschen, die sich selbst als schüchtern bezeichnen und für die große Partys, Empfänge und Firmenfeiern ein Graus sind. Sie haben Schwierigkeiten, auf andere zuzugehen. Zudem meinen sie, daß das, was sie sagen, absolut bedeutungslos sei. Sie haben Angst, sich zu blamieren. Gehören Sie auch dazu? Dann helfen Ihnen sicher folgende Tips.

- Akzeptieren Sie diese kleine Schwäche als Teil von sich, dieses Unvermögen ist oft in der Kindheit angelegt worden: »Wenn Erwachsene reden, sind Kinder still – ein Kind darf man sehen, aber nicht hören – was Du sagst, ist nicht interessant ...« So entsteht Lampenfieber und die Angst, abgelehnt zu werden. Wer jedoch stets von sich sagt: »So bin ich halt« wird auch nichts ändern.
- Versuchen Sie, zu differenzieren: »Ich bin zwar ein kleines bißchen schüchtern, dafür kann ich aber wunderbar zuhören.« (ZuhörerInnen werden in der heutigen Zeit dringend gebraucht!)
- Entwickeln Sie Ihren eigenen Stil. Lernen Sie, Ihre Meinung zu sagen – auch die kontroverse.
- Laden Sie Freunde und Fremde zu sich ein, denken Sie an Gemeinsamkeiten mit den Menschen, denen Sie begegnen, und nicht an Trennendes.
- Am Tag der nächsten Einladung lesen Sie intensiv die Tageszeitung (auch die Rubriken, die Sie sonst links liegen lassen!). Sammeln Sie Gesprächsstoff, und halten Sie einige bemerkenswerte (lustige) Meldungen parat.
- Üben Sie zu lächeln! Vor dem Spiegel. Ein *freundliches Lächeln,* bei dem die Mundwinkel leicht angehoben sind, die Lippen locker bleiben. Es signalisiert friedliche Absichten, Geduld, Verständnis – und es ist noch immer die einfachste Methode, dem »Gegner« die Zähne zu zeigen! Aber lächeln Sie nicht nach einer ernsthaften Äußerung.
- Lernen Sie, Blickkontakt zu halten, vermeiden Sie es jedoch, jemanden »anzustarren«.

- Die Stimme ist der Spiegel unserer Gefühle. Eine tiefe Stimme wirkt reifer und sympatischer als eine hohe oder leise. Unsere Umgebung beeinfluß Stimmlage und Dialekt. *Wird eine Frauen laut, wird ihre Stimme schrill.* Diese gängige Meinung muß jetzt revidiert werden: Frauen werden heute größer, damit verändern sich auch ihre Stimmbänder. Frauen passen ihre Stimmen im Berufsleben unbewußt (?) an.
- In der Garderobe/Tiefgarage oder wo immer Sie vor Ihrem »Auftritt« allein sind, machen Sie eine kurze Entspannungsübung: Ziehen Sie einige Male die Schultern hoch und lassen Sie sie wieder locker fallen. Dabei sagen Sie »Na und?«, Zunge und Muskelverspannungen werden sich lösen.
- Sie nehmen *Kontakt* auf. Wer nicht auf die Hilfe der Gastgeber hoffen kann, muß sich selbst orientieren – kennen Sie jemanden? Nein? Betrachten Sie die einzelnen Grüppchen, welche erscheint Ihnen von der Körperhaltung und Mimik her am offensten? Stellen Sie sich dazu, und hören Sie erst einmal zu. Dann sagen Sie je nachdem, wo Sie sind, »Hallo« oder »Guten Abend« und machen sich bekannt. ➪ *Grüßen*
- *Komplimente* zu machen, fällt vielen Menschen schwer. Das (ernstgemeinte) Kompliment am Anfang ist jedoch ein guter Gesprächseinstieg. (Die Veranstaltung ist gut organisiert, ausreichende Parkplätze, das Buffet sieht fantastisch aus, tolle Stimmung ...).

Small talk

- Den Small talk können Sie auch gut mit einer *Frage* beginnen: »Sind Sie auch das erste mal hier?« »Haben Sie bei diesem Schneegestöber problemlos hergefunden?« »Leben Sie in dieser Stadt?« »Kennen Sie die Gastgeber?«
- Small talk gilt als amüsantes Ping-Pong-Spiel. Es geht immer darum, Sympathien zu gewinnen, in rhetorischer Bewegung zu bleiben. Darum sind ellenlange

Statements, (auch Antworten, obwohl niemand eine Frage stellte!) Besserwisserei, Angabe und das Abspulen von Witzen alles andere als witzig! Reden ja, schwätzen nein. Beginnen Sie bitte Ihre Argumentation nie mit Redewendungen wie: »Das gibt es gar nicht«, »Das ist doch albern«, »Sie müßten mal ...« Positiv-Beispiele sind: »Ich sehe das anders als Sie«, »Gibt es Gründe für Ihre negative Einstellung?« Vermeiden Sie auch Fragen, auf die nur mit Ja oder Nein geantwortet werden kann. Zudem lockt man die Gesprächspartner aus der Reserve, indem man *ein wenig* über sich selbst erzählt.

- Über was kann man in Gesellschaft reden? Das Thema Wetter ist, außer Sie sind in Großbritannien, ziemlich abgenutzt, aber wieder im Kommen, seit es Wettershows im Fernsehen gibt. Tabuthemen sind immer noch: Religion, Geld, Ehekrisen, Kritik am Gastgeber/der Gastgeberin (und jeder Gesprächsstoff, der *wirklich* spannend ist!). Vorsicht bei Themen, wie: Krankheit, Politik (es sei denn, lauter Gleichgesinnte kommen zusammen), Feminismus, Beruf, Witzen, Bananenschalen-Komik! Unverfänglich sind Themen wie: Wohnort, Haus und Garten, Familie, Haustiere, Urlaub, Hobby, Sport, Kultur, das Speiseangebot (loben!).
- *Aktiv zuhören* heißt Interesse zeigen, dann den Faden des Gesprächs aufgreifen, nachfragen und bestätigen. Falls Ihnen Monologe oder bestimmte Themen auf die Nerven gehen, flitzten Sie nach einiger Übung gekonnt in die rhetorische Lücke, ein Stichwort und Luftholen des Gegenüber genügen!
- Möchten Sie die »Stellung« wechseln, muß eine großartige Verabschiedung nicht sein. Sie entdecken einen Bekannten: »Da sage ich 'mal rasch Guten Tag«... Und im Gespräch mit den Gastgebern: »Ich will Sie nicht aufhalten, Sie müssen sich bestimmt um Ihre anderen Gäste kümmern.«

Die Tischrede

Profis klären vorher:

- Den Anlaß
- Worüber spreche ich?
- Wer sind meine ZuhörerInnen?
- Mein Verhältnis zu den ZuhörerInnen
- Sind Jubilare oder Ehrengäste zu begrüßen?
- Wieviel Zeit habe ich?
- Mit der Faustregel: Freuen, Grüßen, Hoffen, Wünschen, Danken, Bitten kann man jede Rede gestalten.

- *Unangekündigte* Reden sollten nach dem Hauptgang gehalten werden. Falls das Dessert warm ist, erst danach, um den geplanten Ablauf des Essens nicht durcheinander zu bringen.
- Besser ist es, den Redewunsch sowie die ungefähre Dauer (man kann über alles reden, nur nicht über drei Minuten!) vor Beginn des Essens dem Gastgeber/der Gastgeberin wegen des *timings* mitteilen. Im Restaurant wird der Oberkellner in der Küche Bescheid geben. So sind die Reden über die ganze Menüfolge aufteilbar. Nach der Vorspeise oder dem ersten Hauptgang damit beginnen.
- Bei Banketten werden die Reden sowie die Rangfolge genau abgestimmt.
- Damenreden (das Loblied auf die anwesenden Frauen) sind out!
- Wer eine Rede halten möchte, klopft an sein Glas und erhebt sich.

- Ein Ehrengast bedankt sich für die ehrenden Worte auf ihn/sie mit wiederum einigen Sätzen. Ausgenommen ist hierbei das Brautpaar.

Unworte, Modeworte und »voll das Leben«

Geil, echt superlustig, abtanzen, ablachen, ablästern, »Der Comp ist grav und hat einen Erro; wir wissen, was score ist«. (Der Computer hat ein Problem mit der Festplatte; wir wissen, was »in« ist.) Teenies finden es gar nicht komisch, ja anmaßend, wenn Erwachsene verzweifelt versuchen, ihre Sprache zu übernehmen. Wer nicht gerade als StreetworkerIn o.ä. arbeitet, gewinnt mit dieser Ausdrucksweise keinen Blumentopf. *Voll normal* war es in allen Generationen, sich so weit wie möglich von den Erwachsenen abzugrenzen – die Kinder ziehen sozusagen verbale Trennlinien um ihre eigene Welt (Germanist Hermann Ehmann).

Zum *Unwort* des Jahres 1995 wurde »Altenplage« gewählt.
Diese hier sind auch nicht besser: Abfackeln, letztendlich (dafür letztlich, letzten Endes), werte(r), *neue* Innovationen, ich würde sagen/meinen wollen, dieses ständige »kein Problem«, Türkenkinder (wir sagen ja auch nicht Deutschenkinder).

- Menschenverachtende Begriffe sind ferner: Randgruppen (Minderheiten), Zwerge (Kleinwüchsige), Krüppel (Körperbehinderter), Neger (Schwarze/Farbige), Zigeuner (Sinti, Roma), Penner (Berber), Proleten. »Er ist zwar nett, aber schlampig bis zur Vergasung, dazu diese jüdische Hast.« Diese Ausdrücke höre ich immer noch!
- Frauendiskriminierende Ausdrücke wie: Weiber, Tussi, Mieze (Schätzchen, mein Mädchen, Engelchen, Kleines, Braut und Tippse zur Sekretärin) gebrauchen nur prähistorische Machos!

Floskeln sind nicht mehr zeitgemäß

Nichtssagende Redensarten und Fragen sollten besser durch aussagefähige Bitten und Wünsche ersetzt werden.

Beim Begrüßen, Bekanntmachen und Verabschieden: »Darf ich vorstellen?«, »Angenehm«, »Sehr erfreut«, »Meine Wenigkeit«, »Gestatten, Schmidt«, »Meine Gattin, mein Gatte«, »Wie geht's?« »So la, la ...« – Na, dann können wir ja zur Sache kommen! Wer *echtes* Interesse am Befinden des anderen hat, formuliert die Frage etwa so: »Ich hoffe, es geht Ihnen gut?« Oder: »Ich habe Dich lange nicht gesehen – wie geht es Dir denn?« Versuchen Sie es beim nächsten »Wie geht's?« doch mal mit der Antwort: »Ist das eine rhetorische Frage, oder haben Sie eineinhalb Stunden Zeit?«
Rund ums Essen und Trinken: »Mahlzeit!«, »Prost«, »Ich bin so frei.« Wir sagen: »Guten Appetit« und meinen: »Jetzt geht's los« – warum sagen wir das dann nicht? »Lassen Sie uns anfangen – lassen Sie es sich schmecken« oder etwas Lobendes über die Speisen ist immer noch besser als die Floskel: «Guten Appetit«, vor allem bei offiziellen Essen – es klingt zu familiär.
Bei körperlichen Äußerungen: »Gesundheit«, »Wohlsein« oder ähnliches. Wer niest, entschuldigt sich kurz dafür, und alle gehen zur Tagesordnung über.

Du oder Sie im Geschäftsleben?

Ein »Du« wird heute wieder als eine besondere Auszeichnung angesehen und angeboten. Überlegen Sie sich gut, mit wem Sie per »Du« sein wollen. Ein »Du« wieder in ein »Sie« umzuwandeln, ist eine ernste Sache!
Der Uraltspruch über den »Sie-Esel« und den »Du-Esel« kommt überall dort zum Tragen, wo tatsächliche Machtverhältnisse Grenzen setzen. Es ist bestimmt leichter, zivilisiert miteinander zu arbeiten und umzugehen, wenn eine gewisse Distanz eingehalten wird, die ja auch einen Schutz vor Zudringlichkeit darstellt.

- Überall dort, wo ideologische Gemeinsamkeiten hochgehalten werden, (z.B. in den politischen Parteien, im Fußballverein, in adeligen Kreisen), ist das ungefragte »Du« anzutreffen. Viele Menschen geben jedoch heute zu, daß sie damit so ihre Schwierigkeiten haben.
- In der Privatwirtschaft gibt es zwar keinen geschriebenen Anredekodex, es wird in der Produktion aber schneller geduzt als in der Verwaltung. Oft heißt es:
- *Vor der Kundschaft kein »Du«!* Wer schon eine Zeitlang miteinander arbeitet, geht, falls erwünscht, zum Vornamen und »Sie« über. Das ist allemal eleganter, als das Kassiererinnen-Du im Supermarkt: »Frau Dubbel, sagst Du mir schnell, was die Zuckerschoten heute kosten?«
- Der Duzfreund macht Karriere, die Juniorchefin (schon als Zehnjährige durch den Betrieb gesaust!) übernimmt die Firma: Muß die Anredeform geändert werden? Der/die Höhergestellte/r schlägt die gewünschte Lösung vor. Z.B. in Konferenzen und beim Kundenbesuch siezt man sich, privat bleibt es beim »Du«. Hier ist viel Fingerspitzengefühl angesagt, damit es nicht zu Kränkungen kommt.
- In manchen (großen) Betrieben siezen sich sogar die Ehepaare vor der Kundschaft, das hängt ganz von der individuellen Ansicht darüber und vom Stil des Unternehmens ab.
- Auch Auszubildende (Azubis) werden gefragt, ob sie mit Vornamen und »Sie« angeredet werden dürfen – keinesfalls duzt man sie einfach! Vielen jungen Leuten ist diese Anredeform sehr recht; sie fühlen sich für ein »Herr« und »Frau« gleich nach der Schule noch zu jung.
  ➪ *Frau oder Fräulein*
- Nach der Fusion mit einer US-Firma soll das lockere »you« plus Vorname auch in der Schwesterfirma praktiziert werden. Es wird oft als »Du« falschverstanden, bedeutet aber meistens »Sie« und Vorname. Abends stehen wir an der Theke mit dem netten Bill aus L.A., am nächsten Tag, wenn es geschäftlich hart zur Sache geht, haben wir das Gefühl, daß aus dem »Du-Bill« wieder ein »Sie-Bill« geworden ist. Was ist passiert? Nur dies: »Sie-Bill« war *nie* »Du-Bill!« Der Vorname und »you« bedeutet nicht automatisch Vorname und »Du«. Für Deutsche oft miß-

verständlich. Wenn ein Amerikaner »Sir« und »Herr/Frau« sagt, ist das ganz eindeutig ein »Sie«.

- Vorgesetzte, die am Ende einer Betriebsfeier MitarbeiterInnen duzen und am Morgen danach (bis zur nächsten Feier) wieder siezen, benehmen sich in meinen Augen ziemlich unreif. Als Faustregel: wenn ein/e Ranghöhere/r am nächsten Tag wieder siezt, sollte man sich kommentarlos daran halten. Passiert das bei Ranggleichen, kann man fragen, was denn nun »angesagt« sei.
- Ungefähr seit Mitte der achtziger Jahre verschwindet das progressiv- autoritätsverwischend Schmusekurs-Du auch aus den Universitäten – jetzt wird wieder distanzierter miteinander gearbeitet.

Wer bietet wem das Du an?

Früher trug ausschließlich der Herr der Dame und der Ältere dem Jüngeren das »Du« an. Heute bietet es die Frau dem Mann an, der Senior der Neunzehnjährigen, der/die Vorgesetzte den MitarbeiterInnen und alle *wesentlich* Älteren den Jüngeren.
Wen ich duze, bestimme ich! Dieser Standpunkt ist oft gar nicht so leicht zu halten, denn die Siez-Distanz wird in vielen Büros/Abteilungen gleich am ersten Tag im neuen Job weggewischt: »Hallo, ich bin Elke – wir duzen uns hier alle.«
Wie entgehe ich der beruflich kollektiven Duzerei? Schlecht – zu schnell wird man als hochnäsige/r SpielverderberIn eingestuft. Hier hilft nur ein offenes Wort. Und die »Duz-Zurückgewiesenen« reagieren tolerant!
Der Vorgesetzte bietet mir (ganz nüchtern!) das »Du« an, mein Gefühl sagt mir zu dieser sicher gutgemeinten Geste: *Nein*. Bevor man sich nachher über die eigene Feigheit ärgert, sollte man in etwa erwidern: »Danke für das Angebot, ich finde unsere Zusammenarbeit auch ohne »Du« sehr angenehm«, oder: »Ich möchte das nicht, es könnte zu Mißverständnissen in der Abteilung führen.« Natürlich kann das »Du« auch kompromißlos angenommen werden, oder mit der einschränkenden Bitte, es nur privat im gemeinsamen Tennisclub anzuwenden.

Erschreckende Zahlen

Ungefähr sechs Millionen ArbeitnehmerInnen in Deutschland hassen ihre Kollegen, und eineinhalb Millionen Menschen leiden unter Psychoterror am Arbeitplatz.

Wie äußert sich Mobbing? (»to mob«, engl. – belästigen, anpöbeln, attackieren).

Schikanen am Arbeitsplatz durch Ignorieren, Einschüchtern und Bloßstellen – von der gezielten Verunsicherung einzelner KollegenInnen bis zur körperlichen Gewalt. Gespräche hören auf, wenn der/die Betroffene ins Zimmer kommt, die Tür wird vor der Nase geschlossen, Arbeitsabläufe werden unzureichend erklärt. Die Betroffene werden zu unsinnigen Arbeiten verdonnert, oder die Arbeit wird ihnen ganz entzogen. Menschen sollen ausgestochen werden durch Falschinformation, Denunziation, Bloßstellen vor anderen, sexuelle Belästigung, Rufmord, Abmahnung und durch heimliches Mißhandeln. Ältere MitarbeiterInnen werden hinausgeekelt. Der Psychterror geht oft über Jahre und kommt in allen Berufssparten vor. Es gibt keinen typischen Täter, kein typisches Opfer.

Ursachen für Mobbing

Fast immer finden sich die Ursachen im Betrieb selbst: ein schlechter Führungsstil und eine schlechte Organisation führen zu einem schlechten Betriebsklima. Demotivierte, gestreßte MitarbeiterInnen entladen ihre ungelösten Konflikte und Aggressionen auf einen Sündenbock oder werden selber krank. Neid und Mißgunst sind im Spiel. Der Leistungsdruck wächst – immer weniger Menschen arbeiten immer mehr: Und so hat ein kranker Betrieb auch kranke MitarbeiterInnen. Mobbing sollte immer Chefsache sein – und wenn der Chef selber mobbt? Manche Belegschaften sollen durch gezieltes Mobbing »verschlankt« werden!

Auswirkungen auf die Opfer

Das Reaktionsspektrum der Menschen auf dies Angriffe reicht von hoher Leidensfähigkeit bis Aggression. Es kommt zu Schlafstörungen, Magen- und Rückenbeschwerden, allgemeine Verspannungen, psychosomatische Krankheiten, Minderwertigkeitskomplexe, Scham, Depressionen, Angst, Persönlichkeitsveränderungen, Selbstmordgefahr. Es wird geschätzt, daß zwanzig Prozent aller Selbstmorde auf Mobbing zurückzuführen sind.
Gemobbte Menschen werden arbeitsuntauglich und kosten das Unternehmen ein Vermögen! Aber auch der Mobber kostet Geld – er mobbt anstatt seine Arbeit zu machen.

Gegenmaßnahmen für den Gemobbten

- Bei den ersten Anzeichen fragen, was los ist
- Sich selbst prüfen: könnte ich Anlaß sein?
- Auch wenn's schwer fällt: Gespräche mit den Mobbern führen,
- Durchhalten!
- Arbeitnehmervertretung, Sozialberatung oder Vertrauensleute im Betrieb ansprechen. Die Gewerkschaften bieten Rechtsberatungen an, Anwalt konsultieren, Rat beim »Mobbing-Telefon« holen
- Mit den Vorgesetzten der Mobberin/des Mobbers Schlichtung herbeiführen. Den Personalrat/Betriebsrat zum Gespräch hinzuziehen
- Mobber zur Rechenschaft ziehen
- Im Konflikt souverän werden/bleiben
- Nicht das ganze Leben nur um die Mobbing-Situation kreisen lassen!

Gegenmaßnahmen im Unternehmen

- Vorgesetzte sollten einzelne MitarbeiterInnen nicht bevorzugen noch benachteiligen; Informationen, die sie *über* MitarbeiterInnen oder *von* ihnen erhalten, müssen gleich wichtig genommen werden. Gegebenenfalls muß genau ergründet werden, warum sie ihnen zugetragen wurden.
- Eingestehen, daß nicht immer alles reibungslos funktioniert, es darf auch mal über Fehler geredet werden!
- Es wird nicht nach Schuldigen gesucht, sondern nach Ursachen.
- Eine faire Streitkultur nebst Problemlösekompetenzen, und Konfliktverarbeitungsmechanismen sollte entwickelt werden.
- Kollegen werden nicht als Gegner sehen; Mitarbeiter werden als Partner betrachtet.
- Achtung und Pflege der Menschenwürde!
- PersonalrätInnen sollten Mobbing-Seminare durchführen lassen und Betriebsvereinbarungen gegen Mobbing treffen.
- Mehr Verständnis für die Betroffenen zeigen, nicht an deren Glaubwürdigkeit zweifeln.
- Das Lernen durch Vorbilder ist auch im Unternehmen am wichtigsten: Stimmt die Führungs-Kultur, dann wird Verhalten *top-down* beispielhaft vorgelebt.

Sagen Sie: »NEIN!« *Lassen Sie Mobbing nicht geschehen! Zeigen Sie Solidarität mit den Betroffenen!*

Jemand mit einer Mobbing-Erfahrung bewirbt sich um einen neuen Arbeitsplatz: soll im Bewerbungsgespräch auf diese Erfahrung hingewiesen werden? Experten raten dazu – das Thema soll in die neue Firma hineingebracht werden, um eine Auseinandersetzung damit zu erreichen.

Übrigens...

Neulich meinte in einer Diskussionsrunde eine Frau, wer gemobbt würde, solle das nicht *persönlich* nehmen – die Einstellung der betreffenden Person sei eine Fehlentscheidung des Vorgesetzten gewesen. Die Person passe nicht ins Sozialgefüge der Firma und müsse daher rausgemobbt werden!

Hilfen für Mobbing-Opfer

Mobbing-Notruf-Nummern:

- AOK Hamburg: 0 40/20 23-02 09
- Amt für Industrie & Sozialarbeit, München: 0 89/53 11 10
- Träger der Mobbingberat. für GÖ, H, F: 0 511/62 55 62
- IG Metall, Arbeitgeberverbände, Forschungsgruppe Streß des Uni-Klinikums HDL: 0 72 65/73 19
- DAG, Bezirk Württemberg, Frau Cornelius: 0 711/22 92 543
- Klinik für Mobbingopfer: »Klinik am hölzernen See«, Berlin-Brandenburg, Psychiater Dr. Michael Becker.

Literaturempfehlung: Heinz Leymann »Mobbing«

Nein heißt nein

Sexuelle Belästigungen am Arbeitsplatz

Neu in der Firma? Frauen sollten vorwitzigen männlichen Kollegen gleich klarmachen: Ich bin hier nicht zum Flirten, sondern zum Arbeiten angestellt. Mit der kann ich's ja machen, denken Männer vor allem von Kolleginnen, die durch ein besonders freundliches Wesen auffallen und nicht gleich bei der ersten Plumpheit streng reagieren. Jemandem so zu begegnen, daß die Beziehung nicht gefährdet wird, heißt noch lange nicht, daß wir alles »schlucken« müssen. Für ein positives Klima am Arbeitsplatz sind auch Grenzen wichtig, dadurch werden wir berechenbar, einschätzbar. Nach einer Studie des Bonner Frauenministeriums sind zweiundsiebzig Prozent der befragten Frauen schon einmal sexuell belästigt worden. Viele Grapscher sind nach Aussagen von Psychologen getarnte Frauenhasser mit Eheproblemen und unsichere Männer, die nur über die Anmache ihre Überlegenheit deutlich machen können.

Frauen wird oft vorgeworfen, sie seien selbst schuld, wenn sie von Männern im Job angemacht und nicht ernst genommen würden. Sie hätten die falsche Rede-Taktik und würden sich allzu leicht von der Karriereleiter schubsen lassen. Egal, was eine Frau auch tut, wie sie sich verhält – Männer haben etwas an ihr auszusetzen: *Leistet sie viel – verliert sie ihren Charme, leistet sie wenig – verliert sie ihre Stelle. Verwendet sie Make-up – trägt sie Kriegsbemalung, trägt sie keins – vernachlässigt sie ihr Äußeres. Trägt sie mini – stört sie den Arbeitsfrieden, trägt sie maxi – hat sie krumme Beine.*

Aber im Ernst: Männer, die Frauen im Berufsleben (und auch sonst) sexuell belästigen, tragen die volle Verantwortung für ihr Tun. Sie nutzen oft ihre Macht und die Situation aus. Sexuelle Belästigung wird *nicht* als Delikt verstanden und allzugerne ins Private abgeschoben.

Was ist unter sexueller Belästigung zu verstehen? (Alles, was die Frau nicht will!) Beginnend mit den *harmlosen (!)* Witzchen: »Na, Schmidtchen, haben wir heute auch die richtige Farbe unter'm Pullover an?« »Meine Herren, Sie dürfen ablegen, Frau Lang natürlich auch!« (Es ist Sommer, Frau Lang trägt eine Bluse). Weiter geht die *ganz normale* Anmache mit Hinterherpfeifen, dem Erzählen von anzüglichen Witzen, dem Aufhängen von Porno-Plakaten – das alles hindert Frauen daran, sich frei im Raum bewegen zu können. Die körperlichen Formen der Belästigung sind »versehentliche« Körperberührung, der Klaps auf den Po, das kumpelhafte Armumlegen bis zur Androhung beruflicher Nachteile, falls die Frau der Aufforderung zur sexuellen Handlung nicht nachkommt. Die Folgen für die Frauen sind ähnlich wie beim Mobbing: das Gefühl des Ausgeliefertseins, Angst, Schockreaktionen, manchmal bricht das Immunsystem zusammen.

Vermiesen Sie anderen »Witzbolden« die Erfolgserlebnisse, indem Sie bei dreckigen Witzen nicht mitlachen. Eine Frau muß auch mal eine »Lippe riskieren«, denn Männer lernen *nur* dazu, wenn ein gewisser Druck da ist! Sprechen Sie als Vorgesetzter/als Chef das Dilemma offen an – ändert sich an dem ernsthaften Problem nichts, muß der Belästiger gehen. (In Firmen, die von Frauen geführt werden, kommt sexuelle Belästigung viel seltener vor, als in einem Betrieb mit einem Macho-Boß.)

So wehrt sich Frau erfolgreich:

- Sie setzt sich körperlich zur Wehr
- Sie stellt den Belästiger zur Rede und verbittet sich jede weitere Anmache
- Sie erzählt von der Belästigung im Unternehmen und sucht sich Verbündete
- Sie beschwert sich an höherer Stelle
- Sie verklagt den Belästiger
- Amerikanische Feministinnen empfehlen betroffenen Frauen, dem Belästiger einen Einschreib-Brief zu schicken, der deutlich »Halt« sagt. Das sei die effektivste Methode.

- Natürlich findet (sexuelle) Belästigung von Frauen überall im öffentlichen Raum statt. (Von der privaten Macht/Machtlosigkeit sei hier nicht gesprochen.) Einen Provozierer kann frau manchmal mit folgender Frage loswerden: »Wissen Ihre Angehörigen eigentlich, wie schlecht Sie sich benehmen?«

Endlich (seit dem Frühjahr 1994) regelt im *Gesetz zur Durchsetzung der Gleichberechtigung von Mann und Frau* der § 11 auch den Schutz vor sexueller Belästigung.

Verkehrsmittel

Sitzordnung im Auto

- Der ranghöchste Fahrgast sitzt hinten rechts, der zweithöchste hinten links, der dritte neben dem Chauffeur.
- *Fährt der Chef/die Chefin* selbst, sitzt der ranghöchste Gast neben ihm/ihr. Aber auch hier gilt mittlerweile: Sitzgewohnheiten und Vorlieben berücksichtigen (auch Reisekrankheit und Behinderungen). Bei einem zweitürigen Auto käme niemand auf die Idee, einen gebrechlichen Fahrgast auf die hintere Sitzbank krabbeln zu lassen.
- Holt z.B. ein Ehepaar einen Gast vom Flughafen ab und der Gastgeber fährt den Wagen, so ist es praktisch, wenn Ehefrau nebst Gast hinten Platz nehmen – so kann SIE IHM ohne Halsverrenkungen die Schönheiten der Stadt erläutern. ➪ *Rauchen*
- Die Autotüren sollten vom Fahrer (auch von einer Frau), für den Fahrgast auf der Beifahrerseite *von außen* geöffnet werden nach dem Motto: »Meine Haustür schließe ich ja auch für BesucherInnen auf und lasse sie eintreten.« Das gilt ebenso bei Zentralverriegelung und Aufsperren per Fernsteuerung. Männer *dürfen* Frauen immer noch beim Ein- und Aussteigen behilflich sein – meistens ist SIE aber schon in der »Vertikalen«, bevor ER daran denkt! Bei schwierigen Verkehrssituationen muß niemand aussteigen, und der/die MitfahrerIn sagt: »Bleiben Sie *bitte* sitzen.«
- *Im Taxi* sitzt praktischerweise der neben dem Fahrer, der auch bezahlt, er hat den Taxameter im Auge.
- Es ist nicht nur eine schöne, sondern bei den heutigen unsicheren Zeiten auch eine sinnvolle Geste, einander bei Dunkelheit ans Haus oder an die Tür zu begleiten und/oder im Auto zu warten, bis die heimgebrachte Person aufgeschlossen hat.
- »Sind Sie frei?« Wer in ein Taxi steigt, ist am *Arbeitsplatz* eines anderen Menschen. TaxifahrerInnen erleben die komplette Palette der Gesellschaft und erzählen, wenn man sie fragt, daß sie sich täglich einiges bieten lassen müssen.
- Der Taxifahrer *muß* nicht das Gepäck des Fahrgastes nehmen, das ist eine freiwillige Hilfestellung.
- NichtraucherInnen können ein Nichtraucher-Taxi anfordern, dann gibt es keine Diskussionen. Andersherum muß niemand in den ersten Wagen in einer Taxenschlange steigen, wenn der z.B. als Antirauch-Taxe ausgeschildert ist. ➪ *Trinkgeld*

In Bus und Bahn

Wer steigt zuerst ein? Haben Frauen den Vortritt? Muß ich einer fremden Person beim Gepäck behilflich sein? Müssen Kinder älteren Personen ihren Sitzplatz anbieten?

- Steigt ein Paar gemeinsam in ein öffentliches Verkehrsmittel, geht die Frau, wie auch auf einer schmalen Treppe, vorran. (Falls SIE stolpert, kann ER zupacken!) Beim Verlassen ist es theoretisch umgekehrt, es sei denn, SIE braucht Hilfestellung. Diese Regel wird nicht mehr starr angewendet – hier, wie auch sonst im Zusammenleben, gilt zunehmend das Prinzip: »Stärkere« helfen »Schwächeren.«
- Gedrängel beim Einsteigen in den IC-Zug – wer eine Platzreservierung hat, sieht dem Ganzen gelassener entgegen. Geschäftsfrauen stellen sich heute genauso in die Schlange wie Männer. Hilft ER jedoch beim Einladen des Koffers, lehnt SIE das lieber nicht mit den Worten ab: »Das kann ich doch *alleine*!« (Es sei denn, SIE möchte ihre Goldbarren keineswegs aus der Hand geben – sonst klingt das ziemlich zickig!)
- Auch Kinder sind vom langen Schultag müde und oft bepackt wie die »Maulesel«. Ich überlasse einem offensichtlich erschöpften Kind im Nahverkehrsmittel meinen Sitzplatz, falls sonst nichts mehr frei ist – erwarte das aber im Gegenzug auch von einem (ausgeschlafenen) Jugendlichen. Berechtigter Ärger entsteht, wenn mit Aktenkoffern, Tüten und Taschen Sitzplätze blockiert werden, (»Haben Sie dafür auch eine Fahrkarte?«), Beine mit (schmutzigen) Schuhen auf den Sitz gegenüber gelegt und sabbernde Riesenhunde mit der allergrößten Selbstverständlichkeit transportiert werden. ➪ *Rauchen*, ➪ *Handy, Laptop, Walkman*

Geht der Mann immer links von der Frau?

Nein, bei schmalen Bürgersteigen wechselt er auf die »Gefahrenseite«, um evtl. auf die Straße ausweichen zu können. So bekommt auch *er* die nassen Hosenbeine, wenn rücksichtslose AutofahrerInnen durch die Pfützen sausen. Üblich ist es immer noch, das Ranghöhere (Chef, SeniorIn ...) auf der rechten Seite gehen.

Reisen mit dem Flugzeug

Von Jetlag und Fitness

Unterwegs den persönlichen Rhythmus zu behalten, ist gar nicht so einfach. Oftflieger raten dazu, sich auf Reisen an die gleiche Routine zu halten wie am Arbeitsplatz. Also *auch* auf die Gesundheit achten, Kräfte einteilen und Raum für Entspannung lassen. Natürlich geht das nur mit guter Planung.
Ein häufiges Problem ist der Bewegungsmangel. Wir sind zwar beruhigt, wenn das Hotel am Zielort alle sportlichen Möglichkeiten bietet – aber wer nimmt sie schon in Anspruch? Bei Geschäftsreisen mit viel Sitzerei sollten die Bedürfnisse des Körpers aber ernstgenommen werden. Durchhaltevermögen trainiert man/frau schon im Flugzeug auf dem Weg zum Zielort. So wird auch der *Jetlag* gemildert.
Beim Jetlag gerät die innere Uhr durcheinander (verschiedenen Zeitzonen), und es gibt noch kein wirksames Mittel, dem ganz zu entkommen. Wer bald nach der An-

kunft in einem anderen Kontinent ein Meeting hat, ist schlecht dran – professionelle Vielflieger können ein Lied davon singen! Häufig wird über Erschöpfung, Kopfweh und Muskelschmerzen bis hin zu Herz-Rhythmus-Störungen und Gedächtnisverlust geklagt.

- Ich habe bei mir festgestellt, das mich Flüge von meinem Heimatland weg mehr anstrengen als zurück. Pro zwei Stunden Zeitverschiebung wird *ein Tag* zur Umstellung benötigt – eine alte Regel, die vielleicht mit folgenden Tips etwas gelokkert werden kann.
- Falls machbar, nicht sofort in die Geschäfte »stürzen« – Zeit zum Akklimatisieren einplanen.
- Im Flugzeug viel Mineralwasser trinken, um Austrocknung, *Dehydration*, zu verhindern (Alkohol nur in Maßen).
- Leichte Kost zu sich nehmen, um den Organismus nicht zusätzlich zu belasten. Eventuell vorbestellen. (Manche Vielflieger nehmen sich ihr eigenes Essen mit an Bord). Auch rohe Möhren/Karotten sollen bewirken, daß das Blut den Sauerstoff besser speichert.
- Bewegung ist auch im Flugzeug wichtig – aufstehen, herumgehen, Kniebeugen machen, strecken, einzelne Muskelpartien anspannen/lockern ... – gut für den Kreislauf und vorbeugend gegen die gefürchtete Fluggastthrombose an den Beine, die durch stundenlange Unbeweglichkeit entstehen kann.
- Jede Zufuhr von frischer Luft und Tageslicht (notfalls Sonnenbank) verkürzt den Jetlag. Auch bei Zwischenlandungen, wenn irgend möglich, Frischluft tanken oder sich zumindest ans Fenster stellen.
- Mark McCormack, Gründer & Präsident der International Management Group (IMG) empfiehlt zudem, sich bei Ankunft ganz auf die Ortszeit einzustellen. Nicht daran denken, wieviel Uhr es jetzt zu Hause ist, und so dem Gedächtnis ein Schnippchen schlagen.

Speziell für Frauen

Tragen Sie während eines langen Fluges bequeme Kleidung (im »Zwiebelverfahren« wechselbar), Schuhe, die eine Nummer größer als normal sind. Schminken Sie sich ab, falls Sie alleine reisen, und benutzen Sie statt Make-up eine gute Fettcreme; auch eine Nasensalbe sollte im Handgepäck sein – die Schleimhäute trocknen stark aus. Haben Sie alles griffbereit, was Sie während des Fluges brauchen und nicht aus der Hand geben möchten (die wichtigsten Geschäfts-Unterlagen sowie persönliche Dokumente/Telefonnummern und evtl. Medikamente, Erfrischungstücher, Handcreme, aber auch Ihre Lieblingskassetten samt *walkman,* die Nackenrolle, Oropax und den Kuschelschal). Vielleicht sind ja bald auf Langstrecken-Flügen die Toilettenbeutel für Männer und Frauen ungleich bestückt (ohne Rasierwasser!).

Senkrechtstarter im Jet

Ironische Beobachtungen auf einem Inlandflug.

- Menschen in teurem Tuch »sacken« die Bordverpflegung ein, als sei eine Hungersnot in Aussicht. Brötchen werden vor dem Zugreifen zwischen Daumen und Zeigefinger fachmännisch gedrückt und auf Frische geprüft. Die eingesammelten Süßigkeiten sind wohl die Mitbringsel für die Kleinen zu Hause, denn es blieb ja wieder keine Zeit, ein sinnvolles Spielzeug einzukaufen. (»Papa, bringst Du mir was mit?«)
- Kinder dürfen kreuz und quer über die Schalensitze toben und kein/e Erziehungsberechte/r sagt was.
- Geschäftsmänner belegen drei Sitzplätze mit Tageszeitung, Aktenkoffer, Mantel und Laptop. Alle anderen Reisenden im Umkreis von zehn Metern müssen mithören, wie die Anklageschrift des Herrn B. aus F. für die Verhandlung am vierten März ins Diktafon gesprochen wird.
- Der Flug ist aufgerufen – einhundert Menschen drängen zum Ausgang, als wäre die Maschine (wieder) überbucht und ihr Platz nicht garantiert.
- Ins Handy fragt ER: »Frau Schilda, ich bin jetzt auf der Gangway, war was?«
- Die Männer der Business-class bekommen ihre Sakkos abgenommen und in die Garderobe gehängt – die (wenigen) Frauen können sehen, wie sie ihre Jacken unterkriegen.
- Als ich an die Reihe komme, ist auch die letzte Zeitung schon weggeschnappt – mein Vordermann nahm gleich drei verschiedene.
- Grußloses Platznehmen auf dem Nebensitz, Inanspruchnahme der Armlehne, des Fußraums und Zeitunglesen im »Revier« der Sitznachbarin.
- Nach dem Start Laptop auspacken und drauflosarbeiten.
- Während des Snacks wird zwanzig Minuten lang Loriot gespielt: Ruckartiges Verstellen der Rückenlehne vor mir just dann, als die Getränke serviert worden sind. Kein Dankeschön in Richtung Flugbegleiterin, die das Tablett bringt. Das Kind hinter mir mag nichts essen, dafür aber mit dem Klapptisch in meinem Rücken spielen. Na, da bin ich aber froh, daß mein Fensterplatz-Nachbar nicht hinaus muß, während ich noch esse.
- Auf Touristikflügen wird bei der Landung noch immer geklatscht – wohl weil jeder froh ist, heil hinunter gekommen zu sein?!
- Am Ende verlassen viele das Flugzeug angestrengt schauend und schubsend, ohne zu grüßen – am Förderband trifft man sich wieder.

Hier spricht man deutsch

Für seine Weltanschauung
muß man die Welt anschauen.

Viele Deutsche abenteuern los, die Welt zu erobern – am Urlaubsort ziehen sie dann die Wände wieder hoch. Eingerichtet wie zu Hause, essen wie zu Hause, gekleidet wie zu Hause ... Manche erholen sich seit acht Jahren am gleichen Fleck auf Mallorca oder Gran Canaria. Sie wissen auch, warum: *»Hier ist alles wie zu Hause, nur wärmer.«* Und ganz wichtig – dort funktioniert die Versorgung mit deutschen Marken lückenlos: Bavaria Hofbräuhaus, Weißbier, Eisbein, germanischer Filterkaffee, Apfeltorte und Bildzeitung. Und Sangria aus Plastikeimern. Sogar die Bundesliga live auf SAT 1. *Olé, oléoléolé!*
Morgens um 6 Uhr, die Fête flaut ab, wird schon mal das Revier gesichert – am Pool hält das Walkfrottée die nächsten vier Stunden Wacht. Welch' andere Nation kommt *noch* auf die Idee, überall Sandburgen zu bauen? Das ist Knochenarbeit in den »schönsten Wochen des Jahres!« ⇨ *Ausland,* ⇨ *Sprache*

Übrigens...

Ein japanischer Tourist sagte kürzlich über Deutsche, sie seien quadratisch, ziemlich unflexibel – einfach Holzköpfe. Fairerweise wird angemerkt, daß manche (japanische) Touristen, die nicht auf Bildungsreise sind, von Deutschland auch nur die Drosselgasse, Rothenburg, Neuschwanstein und das Münchner Hofbräuhaus kennen.

Wie sehen uns denn andere Nationen? Auf jeden Fall in einem anderen Licht als wir uns selbst. Die Gesellschaft für Marketing-, Kommunikations- und Sozialforschung, Hamburg, fragte in verschiedenen Ländern nach dem Bild der Deutschen als Feriengäste. Grob wiedergegeben sind wir in den Augen der *Östereicher* kinderfeindlich, protzig und pingelig – der *Italiener* unkultiviert, untolerant – die *Griechen* finden uns unfreundlich, die *Engländer* und *Amerikaner* bescheinigen uns wenig Humor, dafür sind wir für *Türken* und *Amerikaner* umweltbewußt und fleißig. Fleißig sehen uns auch die *Spanier*, dafür findet uns nur ein Drittel sympathisch – die Deutschen lieben jedoch die *Spanier* zu 62 %.
Und die *Franzosen*? Prozentual bescheinigen sie uns nicht so viel Kleinlichkeit wie andere Nationen, halten uns für fleißig, umweltbewußt und gar nicht so kinderfeindlich, aber auch für angeberisch – und für nicht besonders kultiviert.

Wie auch immer – wir selbst sehen uns als weltoffen an! Und mit dem Hang zur Selbstkritik hält sich auch die Hälfte der Deutschen für kleinlich und kinderfeindlich!

Ob pauschalgereist oder geschäftlich – BotschafterIn des eigenen Landes sind wir allemal.

Vielen Menschen ist das Benehmen ihrer Landsleute im Ausland peinlich – und es tut manchmal wirklich weh, hinzuschauen.
Die Mühe lohnt sich, einmal *hinter* die Fassaden zu sehen, sich mal zu fragen, wie wir zu dem (exotischen) Bild des fremden Landes kommen. Viele machen den Fehler, andere Kulturen zu allererst durch die europäische Brille zu betrachten. Das heißt, sie versuchen, *ihre eigenen* Regeln und Werte in fremden Kulturen wiederzufinden. Oder sie werten alles Fremde ängstlich ab, bzw. erhöhen es romantisch. In anderen Kulturen gibt es nun mal andere Werte, die nicht auf unser System übertragbar sind – wir sollten sie wahrnehmen, akzeptieren und berücksichtigen. Viele Chancen zu mehr Toleranz werden sonst vertan.
Kann man überhaupt *pauschal* reisen *und* die Kultur des Landes kennenlernen? Meiner Meinung nach bleibt ein echter Zugang zur Kultur der anderen weitgehend aus.

> *Sprichwort*
>
> Wenn du in ein fremdes Land kommst, dann schließe den Mund und öffne Augen und Ohren.

Im bereisten Land die Werbung im Fernsehen anzuschauen, ist gewiß ein guter Tip; dadurch ist eine Menge über die Kultur, Moral und die Werte des Gastlandes zu erfahren.
Sich im Ausland bewegen zu können, bedarf eigentlich keiner *so* großen Anstrengung. Wer zu Hause verhaltenssicher ist, hat auch in der fremden Kultur die nötige Sensibilität.

Wie wir angenehm auffallen

- Sich im Ausland nicht aufführen wie die Kolonialisten.
- Nicht zu leicht oder »aufreizend« bekleidet Kirchen, Geschäfte und Restaurants besuchen. Auch für Männer gilt in etlichen Ländern: keine Shorts, Unterhemden (oft sogar T-Shirts) auf öffentlichen Plätzen und Gebäuden. Eine Kopfbedeckung in islamischen Ländern bitte immer dabei haben.
- In heißen Ländern schützt weite Kleidung sowieso besser als enganliegende.
- Das deutsche männliche Schreckgespenst bei 28 Grad Celsius: Unterhemd oder Hawaiihemd bis zum Bauchnabel offen (James Bond-Toupet freigelegt!), Goldkette, schlotternde Boxershorts, dampfende Plastiksocke in (beiger) Sandale, oder ungepflegte Füße in Badelatschen. »Nimm mich jetzt, auch wenn ich stinke, denn sonst sag ich winke-winke und good bye!« (Songtitel, »Die Doofen«, 1995)
- Für Frauen wie für Männer gilt: Bevor andere mit dem Ferien-Outfit belästigt/beleidigt werden, mal kritisch in den Spiegel schauen, auch von hinten! Figürlich

kann man/frau sich oft recht wenig leisten. Zu Hause sollte man einen herzlos beleuchteten Spiegel haben.

- Baden *oben ohne* nur, wo es erlaubt ist – oft ist es auch gnädiger für die anderen, etwas überzuziehen!.
- Schmusen und fummeln in der Öffentlichkeit? Manch (ferne) Völker entrüsten sich; nicht immer funktioniert die Ansicht: wer's nicht sehen will, schaut halt weg. Und meistens provoziert es doch nur die Falschen – die Einsamen! (Wer alt genug ist, es zu tun, ist auch alt genug, es zu lassen: Volksweisheit.)
- »Du wissen, wo Strand?« Kein Duzen von Inländern, mit denen man nicht verwandt/innigst befreundet ist, d.h., die uns *auch* duzen.
- Grundkenntnisse der Landessprache aneignen, zumindest die Grußformeln, Bitten, Danken ...
- Miss Piggy (Sie erinnern sich: die mit Kermit aus der Sesamstraße) empfiehlt in punkto Sprachschwierigkeiten, das Problem folgendermaßen zu lösen: »Ich möchte unbedingt ein Stück von dem köstlichen Schokoladenkuchen dort auf der Tortenplatte. Was sage ich dann? »Oberette, bringez les mampfitures«, zitiere ich den Kellner herbei. Wenn er kommt, gebe ich ihm meine Bestellung auf. »Wenn's Ihnen nichts ausmacht, transportez (trangs-por-TEE) zu mois tablette ein gigantico Schnitterine de la Schokoladentorture avec so immenser velocité (weh-los-ih-TEE) wie möglich! Und schwupp! schon haben Sie ihn! (Aus: »Ein schweinischer Ratgeber«)
- Ungefragtes Fotografieren/Filmen – *die Armut des Gastlandes!* unterlassen
- Sich dem Lebensrhythmus anpassen
- Wer seinen Reichtum (egal wo) allzu offen zur Schau trägt, lebt gefährlich. Understatement-Charaktere haben damit selten Probleme.
- Die Einheimischen nicht bei ihrer Arbeit stören/behindern. Fischer z.B. müssen ihr Geld verdienen, während andere urlauben.
- Kritik am fremden Gesellschaftssystem vermeiden.

➪ *Der gepflegte Mensch*, ➪ *Kleidung*

Übrigens ...

Hilfsbereitschaft ist immer noch in Mode. Auch auf Reisen kann man/frau Auskunft geben, Kleingeld wechseln, mit schwerem Gepäck behilflich sein... je nach Verfassung helfen *Stärkere* den *Schwächeren*.

Die Kunst, manierlich Geschäfte zu machen

Zu Gast im Ausland

Internationales Handeln und Verhandeln erfordert Know-how und Fingerspitzengefühl – andere Einstellungen und Marktbedingungen setzen ein Umdenken voraus. Die ideale Führungskraft ist aufgeschlossen für andere Mentalitäten. Sie besitzt Menschenkenntnis und denkt global. Unternehmen werden heute schon oft von multinationalen Teams geleitet, und die Produktivität hängt *auch* davon ab, wie sensibel die Menschen miteinander umgehen.
Viele zukünftige Auslandsmitarbeiterinnen und Mitarbeiter fühlen sich nicht ausreichend auf die kulturellen Unterschiede im Gastland vorbereitet. Sie möchten vor Beginn ihres Auslandseinsatzes mit den Verhaltensweisen und Tabus vertraut gemacht werden. Sonst kann es passieren, daß RepräsentantInnen aus Wirtschaft und auch Politik die typischen Quellen der Mißverständnisse nicht rechtzeitig erkennen und schlimmstenfalls Millionen-Aufträge in die Binsen gehen.

Übrigens ...

Universitäten im Heimatland, die sich mit dem Aus- und Weiterbildungsbedarf der Wirtschaft befassen, bieten Kurse an, in denen die geschäftlichen Dinge gelehrt werden, wie etwa die andere Besprechungsmentalität, z.B. Export-Akademie BWB. Auslandshandelskammern, Botschaften, Handelsbanken geben auch gerne Auskunft. Oft gibt es *ungeschriebene, jedoch wichtige* Regeln – hier hilft nur Nachfragen – und zwar im Land.

So umschifft man die gängigsten Fettnäpfchen

- *Fremdsprache:* Sprachschwierigkeiten sind wohl das größte Hindernis bei der Kommunikation, auch wer die Sprache beherrscht, *denkt* oft noch anders. Die Feinheiten bekommt sowieso erst mit, wer länger im Land lebt. Aber die Grundkenntnisse oder zumindest die wichtigsten Höflichkeits«floskeln« machen unwiderstehlich! In der EG gibt es neun Amtssprachen.
- *Sich in andere hineinversetzen*, aber nicht versuchen, wie ein »Experte« aufzutreten.
- Achten Sie die *Feiertage* des Gastlandes, Fasten- und Pilgerzeiten in islamischen Ländern, (wir würden auch nicht zu Weihnachten tagen!).
- Setzen Sie sich nicht über *protokollarische Geflogenheiten* hinweg.
- Manche *deutschen Tugenden*, wie Pünktlichkeit, Korrektheit irritieren besonders Südländer.
- Ebenfalls in südlichen Ländern bewirkt *Sturheit/Beharrlichkeit* ein Besserwisser-Image.
- Auf kulturell bedingte *Zeitbegriffe* achten – sie können sehr unterschiedlich sein.
- *Komplizierte Situationen* lassen sich oft mit *Contenance* und *Humor* gut lösen.
- *Kleidung:* Klima beachten; Bewährtes, das professionell wirkt, ist meistens richtig. Bei geschäftlicher und politischer Repräsentation lieber auf Nummer Sicher

gehen (Anzug/Kostüm), auf Trachten verzichten, eher *mehr* anziehen als zu wenig, nicht zu bunt.

- *Tischsitten und Essen:* In manchen Ländern kommt alles auf den Tisch, was sich bewegen kann, oder zumindest den Rücken gen Himmel streckt. Die Gastgeber nicht beleidigen, ruhig probieren – oft gibt's kulinarische Überraschungen! Die Angst vor Ungewohntem treibt manche Menschen sogar im Spanien-Urlaub zum »Chinesen« – und in China dann sicher in die Fastfood-Kette. Mit fremden Eßwerkzeugen (Stäbchen = Shop sticks) *muß* sich niemand abquälen, es ist jedoch eine nette Geste an die Gastgeber, es mal zu *versuchen.* Dagegen sollte man wissen, daß die Stäbchen nicht in der Reisschale stecken bleiben, sondern auf dem Tischtuch abgelegt werden. (Angeblich können in Japan zwei Drittel der Kinder nicht mehr mit Stäbchen essen ...). Die amerikanische Sitte, die Gabel nur so lange in der linken Hand zu halten, wie man schneidet, muß auch nicht imitiert werden. Beim Alkohol muß in ostasiatischen Ländern aufgepaßt werden – teuflische »Weine« mit sechzig Prozent Alkohol oder/und ständige Zuprosterei machen Westler ganz schön schlaff.
- *Gastgeschenke:* Auch hier gilt: Wer sich genau informiert, was üblich ist, (ob *überhaupt* ein Präsent, Blumen ja oder nein – geschickt oder mitgebracht, Alkohol etc.), der/die umgeht so manche Klippe.
- *Kirchen* sollten mit Andersgläubigen nicht besucht/besichtigt werden.
- Auf Geschäftsreisen wird oft überproportional gegessen und getrunken. Fremde, fette und scharfe Speisen sind für ungestählte Mägen eine Herausforderung – und setzen nicht selten einen Geschäftsmann außer Gefecht. Jeder sollte sich zudem fragen: »Wie wirke ich unter Alkoholeinfluß auf andere?« Entsprechende Medikamente im Gepäck reisen mit. Mit der alten Traveller-Weisheit: »Koch es, schäl es oder vergiß es!« entgeht man/frau in vielen Fällen »Montezumas Rache«.

Speziell für Frauen

Urlaub ohne IHN? In Kuweit Hand- und Fußmalerei erlernen, eine Kunstreise in die Toskana machen, in China Chinesinnen begegnen, in Thailand einen Kochkurs belegen? Frauen-Reiseführer geben konkrete Tips (Elster-Verlag). Die Mitreise-Zentrale »MiRei« vermittelt Urlaubs-Partnerinnen (Tel.: 0 911-45 52 31).
Heidi Guillino, *Allein unterwegs*, (Falken-Verlag).
»Basta!« Wird Ihre Schlagfertigkeit bei männlicher Anmache im Ausland durch das fehlende Vokabular geschmälert? Jetzt gibt es Abhilfe: für alle eindeutigen und zweideutigen Situationen haben Ulrike Ladwig und Karsta Neuhaus den *Euro Flirt* herausgebracht. Frau findet zudem die wichtigsten Flirt-Themen, Kosenamen und zwischenmenschlichen Verhaltensregeln, I.L.T.-Europa Verlag.

Literaturempfehlungen

Über nationale Kulturunterschiede sind einige Bücher auf dem Markt, wie: *Euroknigge für Manager* von John Mole, (Campus) und *Knigge International* von Heinz Commer (Econ).
Rosemarie Wrede-Grischkat geht in Ihrem Buch *Manieren und Karriere* (Gabler) auch auf die internationalen Verhaltensnormen für Frauen ein.

Taktvolles Verhalten im Trauerfall

Ein Angehöriger, eine liebe Freundin, ein Geschäftspartner ist gestorben. Die meisten Menschen reagieren ziemlich hilflos auf diese Situation. Welches Verhalten ist jetzt angebracht? Welche Wirkung hat es auf die nächsten Angehörigen?

- Je nach Vertrautheitsgrad – möchten Sie ganz spontan zum Hörer greifen und Ihr Beileid ausdrücken, wenn Sie erfahren, daß ein Bekannter verstorben ist? Tun Sie es lieber nicht. Es könnte sein, daß die/der Angehörige so überfordert und mitgenommen ist, daß ein gutgemeintes Telefonat nur als aufdringlich wahrgenommen wird.
- Drücken Sie Ihr *Beileid schriftlich* aus. Schreiben Sie schnellstens an die Person, die am meisten von dem Trauerfall betroffen wird. Ein Kondolenzbrief sollte auf einem schlichten weißen Papier ohne Pathos verfaßt werden – handschriftlich, falls Ihre Schrift lesbar ist, andernfalls genügt es, die Anrede mit der Hand zu schreiben. Benutzen Sie einen Füllfederhalter. *Vorgedruckte Karten sind stillos.* Der schwarze Rand gehört nur zu der Traueranzeige und der Danksagung, geht also aus dem Trauerhaus heraus und nicht hinein. Keinesfalls schicken Sie ein Telegramm oder ein Fax, ebensowenig machen Sie einen spontanen Besuch ohne Absprache. ➪ *Geschenke,*
- Wichtig ist es, sich in die Hinterbliebenen hineinzuversetzen. Was könnte Ihnen in dieser schweren Situation helfen? Bieten Sie Ihre Hilfe schriftlich an.
- Einen *Blumenstrauß* können Sie in das Trauerhaus schicken, *Kränze und Gestekke* für die Beerdigung bitte nicht.
- In manchen Gegenden Deutschlands ist es üblich, bei besonders großen Beerdigungen den Angehörigen statt eines Kranzes ein Geldgeschenk zu übermitteln. Über das Jahr verteilt können dann Blumen für das Grab gekauft werden.
- Beachten Sie bitte die *Wünsche der Angehörigen* in bezug auf die Beisetzung: Ein Kondolenzbuch liegt aus, bitte keine Beileidsbezeigungen am Grab, anstelle von Kränzen und Blumen wird um eine Spende an eine (karitative) Einrichtung gebeten ...
- Welche *Kleidung* ist bei einer Beisetzung angemessen? In Deutschland tragen die Trauernden schwarz (ein Überbleibsel der einst vorherrschenden spanischen Hoftracht). Die Farbe der Krawatte variiert je nach Verwandtschaftsverhältnis von Schwarz bis zu dunklem Blau, ohne Muster. Ihr einziger schwarzer Anzug ist der Smoking? Lassen Sie ihn dort, wo er ist – im Schrank! Hut und Witwenschleier werden heute nach persönlichem Geschmack getragen. Die Begräbnis-Gäste veranstalten keine Modenschau! Durchsichtige (schwarze) Blusen, tiefe Dekolletés, pfundweise Schmuck und Hüte mit bunten Bändern gehören nicht auf den Friedhof – sondern nur Dezenz. Es sei denn, der ausdrückliche Wunsch des/der Verstorbenen wäre es gewesen, eine entspannte Stimmung zu schaffen.

Benimm-Antiquariat

Früher war es üblich, die Trauergäste nach der Beisetzung zum üppigen *Leichenschmaus* einzuladen (»die Haut versaufen!«). In manch einer (Dorf-) Gaststätte ging es nach dem vierten Korn dann hoch her! Wenn dann noch die Erbstreitigkeiten anfingen, flüchtete so manche Witwe, mancher Witwer. In meinen Augen war das eine barbarische Sitte, die heute auch durch einen stillen Imbiß im Gedenken an den/die Verstorbene abgelöst wurde.
Zur Beisetzung sind Zylinder und schwarze Handschuhe nicht mehr üblich. Der Brauch, sechs Monate oder sogar ein ganzes Jahr tiefschwarze *Trauerkleidung* zu tragen, wird fast nicht mehr gepflegt und war auch regional unterschiedlich.

Restaurantauswahl und die Lust am Essen

Wie finde ich das passende Restaurant? Auch hier helfen die W-Fragen weiter: Wann, wo, wie teuer, mit wem, was möchte ich essen? Wie soll die Atmosphäre sein? (Von entspannt bis festlich). Wird nach dem Essen noch weitergearbeitet? Keine Experimente bei der Auswahl des Restaurants mit neuen Geschäftspartnern!
Ich habe mir eine *Restaurant-Datei* angelegt, in die auch die Tips von Freunden und GeschäftspartnerInnen mit aufgenommen werden. Die besten Helfer aber sind die *food-guides:* Michelin, Varta, Gault Millau, Aral Schlemmeratlas ..., die in jährlicher Neuauflage erscheinen – auf sie kann man sich verlassen, obwohl manche Gastronomen die Vergabe der Sterne, Mützen, Punkte, Kochlöffel und Bestecke nicht immer gerecht verteilt sehen.

> *Übrigens...*
>
> Im Jahr 1900 erschien erstmals der Michelin-Vorläufer *Guide Michelin*. Seit 1926 findet man darin eine Auswahl der besten Gourmet-Tempel Frankreichs; die Sterne kamen 1931 dazu.

Manche Menschen mögen keine Restaurants, die *overserved* sind, weil man da nicht zuletzt den Überblick über das Getrunkene verliert und seine Gesprächsgeheimnisse nur schwer für sich behalten kann. Ich selbst möchte nicht nach jedem zweiten Schluck nachgeschenkt bekommen – allgegenwärtige Fachkräfte sind bei manchen Anlässen etwas störend. Aber wir haben ja einen Mund zum Reden!
Bei Geschäftsessen im Restaurant oder in den eigenen Hotelräumen sollte der organisatorische Ablauf möglichst genau besprochen werden. Laden *Sie* ein, haben *Sie* auch die Fäden in der Hand. Behalten Sie sie in der Hand! Sie kennen die Tagesordnung und stimmen darauf die Serviceleistung ab.
Harmonisch speisen fängt also mit der richtigen Restaurantauswahl an. Hat man Gäste zu bewirten, ist auch auf den Geräuschpegel achten, manche Menschen fühlen sich durch zuviel Pomp unwohl, den weniger Erfahrenen gibt man Tips oder stimmt sie an der Bar mit einem Drink ein. Oftesser sind dagegen für kulinarische Steigerungen ebenso dankbar wie für legeres Ausgehen – ausbrechen aus der *hedonistischen Tretmühle!*

Essen im Ausland macht oft mehr *Spaß*. Wer schon einmal in Frankreich mit dem Maître über das Menü diskutiert hat, weiß, was ich meine. Bei uns geht's immer husch-husch, schnell bestellen – wer nicht darauf beharrt, bekommt keine Detail-Information über sein Mahl. Andere Länder, andere Lebensart. Herzlich und diszipliniert locker geht es in Frankreich, Italien und Amerika zu.

In Deutschland hat man ja in manchen Restaurants der Sterne-Klasse das Gefühl, erstmal eine Prüfung ablegen zu müssen, bevor man die Küche bemühen darf. Der Oberkellner fungiert überheblich und gelangweilt wie ein Vorgesetzter, von der Auszubildenden muß ich mich wie ein Schulmädchen behandeln lassen. Jeder Gastronom sollte seinen Betrieb durch die Brille des Gastes sehen. Der Service ist Gastgeber für einen Abend – dann funktioniert es. *Wer etwas verkaufen will, darf nicht arrogant sein!*
Vielleicht liegt diese Verklemmtheit an der falschen Definition des Dienens. Deutsche, behaupte ich mal, haben mit der Dienstleistung (dem Dienen) so ihre Schwierigkeiten. Macht es denn keinen Spaß, zuvorkommend zu sein?

Andererseits müssen sich die KellnerInnen prahlende »Gourmets« gefallen lassen. »Die Spielregeln kenne ich zwar nicht, aber mit meinem Geld lasse ich die Puppen tanzen!« Befangenheit muß nicht mit aufgesetztem Getue überspielt werden.
Wer weiß, wie's geht, kann gelassen bleiben – das gilt für beide Seiten!
Gut geschulte Kellnerinnen und Kellner erkennen sowieso *den* Gast, der sich *auskennt* – man muß ihnen also nichts vormachen!

Von Protzkis und Motzkis

Wer gemeinsam ißt, befindet sich immer auf einer »Bühne«. Mit jemandem zu speisen, der keine Tischmanieren hat, ist eine große Qual! Angenehmes Verhalten bei Tisch ist auch immer noch eine der Eintrittskarten in die gute Gesellschaft. (»So ein cleverer Mensch – aber privat kann man ihn/sie leider nicht einladen« oder: »Herrn Ungehobelt lassen wir besser nicht mit Kundin Formvollendet speisen gehen!« sind vernichtende Urteile, die meistens nicht laut ausgesprochen werden.
Auch Äußerlichkeiten spielen eine große Rolle: Schweißgeruch, ungepflegte Fingernägel und das Uralt-Pflaster am Finger lenken stark vom Wesentlichen ab.
Und dann die kulinarischen Maulhelden: »Stellen Sie sich vor – bei Mikuni* *und* bei Super Kato* war das Kobe-beef aus!« Die Profi-Kritiker, die sich als Feinschmecker beweisen wollen, die Angeber mit ihrem Pseudowissen und die Miesmacher am Tisch! Sie möchten noch weitere Gäste mit Kotzbrocken-Image kennenlernen? Bitte sehr: die kulinarische Nervtöter, die jede diesbezügliche Kritik gelesen haben und jeden Feinschmecker-Test kennen; die Protzesser, die ausschließlich das Teuerste bestellen: »Im KaDeWe ist das Kilo Hummer zu sechzig Mark doch spottbillig!«.
Dann noch die Nörgler; die Weinexperten; die Stammgäste, die mit Patron und Kellnern innigst umgehen; die nur *for show-Esser*, die das Speisen für ein Statussymbol halten; die Oberwichtigen, die bei Tisch telefonieren und die, die während sie ihre Gäste ins Preiswert-Lokal eingeladen haben, von der *haute cuisine* schwärmen, die sie sich sonst gönnen.

Dann noch die Konservativen, die sich allem Neuen verschließen; die Pedanten, die jede Rechnung laut nachrechnen, die Lauten und Leisen.

---

* japanische Lebensmittelgeschäfte in Frankfurt.

Sie gibt es zum Glück auch: die dezenten Genießer, die die Kunst verstehen, mit einem guten Essen auch die Atmosphäre für Vertragsunterzeichnungen zu schaffen. Im Laufe eines Geschäftslebens hat man wohl schon mit allen Essertypen am Tisch gesessen.

Benimm-Antiquariat

»Speist man mit Vornehmen, nehme man den Hut vom Kopf und kämme sich das Haar. Wird eine Serviette gereicht, hänge man die sich über die linke Schulter oder den linken Arm. Trinke mäßig schlürfend, nicht hineinschluckend mit dem Geräusch eines Gauls. Mit den Fingern in die Sauce hineintauchen, ist nicht schicklich ... die Finger abzuschlecken oder am Rock abzuwischen ist nicht fein, das darf man nur am Tischtuch ...«
Noch immer (fast) aktuell, meinen Sie? Anno 1530: *Über die Höflichkeit bei Tisch,* Erasmus von Rotterdam.

Anekdote

Francois Truffot meinte, daß das Restaurant ein wunderbarer Ort für beginnende Liebesgeschichten, aber ein zweifelhafter Platz für offizielle Paare sei – wenn es am Tisch nicht klappt, wird es auch im Bett nicht gutgehen.

Behinderte am Tisch

Körperbehinderte Menschen bringen immer öfter ihr Spezialbesteck auch ins Restaurant mit, (z.B. Menschen, die nur noch einen Arm benutzen können).
Schon bei der Tischbestellung im Restaurant sollte darauf hingeweisen werden. Lassen Sie eine ruhige Ecke reservieren und achten Sie bei der Platzwahl darauf, das möglichst wenige Menschen ihre Neugier befriedigen können. In Hessen gibt es die erste Speisekarte für Blinde.

- Es empfiehlt sich auf jeden Fall, einen Tisch vorzubestellen oder auch *persönlich* auszusuchen.
- Sie gehen mit Geschäftsleuten essen? Falls Sie keine finanziellen Überraschungen lieben, stecken Sie sich und dem Restaurant ein Preislimit, holen Sie Menüvorschläge ein, lassen Sie sich ein Komplettangebot machen.
- Sie laden in einer fremden Stadt zum Essen ein? Nutzen Sie unbedingt die gastronomischen Kenntnisse Ihrer GeschäftspartnerInnen!
- Haben Sie nicht vorbestellt, tun Sie Ihre Platzierungswünsche dem Maître d'hotel/ Chef de service (Restaurant-Chef) am Eingangspult kund: eine ruhige Ecke bitte, Kinder oder betagte Menschen nehmen teil... Ist der Maître nicht an seinem Platz, gehen Sie auf den am dunkelsten gekleideten Herrn zu, er ist mit Sicherheit die Vertretung.
- Bei Geschäftsessen lassen Sie Ihr Sekretariat anrufen, mit dem Vermerk (falls es stimmt), daß Sie schon öfter zu Gast waren. Haben Sie einen Lieblingsplatz im Restaurant, dann fragen Sie gezielt nach ihm.
- Manche Zeitgenossen reservieren für drei, um für zwei Personen einen guten Tisch zu gekommen.
- Für Unternehmen: im Sekretariat sollte die aktuelle Speisekarte des oft besuchten Restaurants liegen – dann kann für Eilige vorbestellt werden.
- Muß die Reservierung aus irgendeinem Grund rückgängig gemacht werden, ist der Anruf im Restaurant mit einer Entschuldigung selbstverständlich.
- Dem Oberkellner gleich zu Beginn sagen, wer der/die GastgeberIn ist ...
- ... und ob Sie getrennte Rechnungen haben möchten.

Tische, an denen niemand sitzen will

sind die kleinen in der Mitte, an denen sich alle vorbeizwängen müssen, die an den Pendeltüren zur Küche, nahe bei den Besteckkästen der Kellnerstation und die mit dem Blick auf die Toiletten.

Ist SIE Gastgeberin, übernimmt SIE heute auch alle SEINE Aufgaben ganz selbstverständlich: Sie lädt den Mann ein, dann kann sie auch vorangehen, sie verhandelt mit dem Ober, bestellt das Essen und probiert den Wein. Und natürlich bezahlt sie auch. Meisten lädt ja heute sowieso eine *Firma* die andere ein. Bei aller Selbstverständlichkeit: Falls der Chef weiblich und allein auf Reisen ist, empfielt es sich noch immer, den Tisch auf den Namen der Firma zu reservieren.

Speziell für Frauen

Fragen, die uns auf die Palme bringen: 1. »Sind Sie allein?« 2. »Werden Sie erwartet?«
Mögliche Antworten, die wir geben: 1. »Ja, geben Sie mir trotzdem einen guten Tisch?« »Meine Beziehung möchte ich nicht diskutieren – nur essen!« 2. »Sehe ich so aus?«
Wenn SIE nicht aufpaßt, bekommt SIE den »Katzentisch« an der engsten, lautesten und zugigsten Stelle des Restaurants – keine gute Werbung für ein Lokal! Oder SIE wird »dazugesetzt«.
SIE wird immer noch langsamer und unaufmerksamer bedient als ER.
SIE verlangt die Rechnung – IHM wird sie vorgelegt.
Schlecht geschulte Service-Kräfte gehen mit weiblichen Gästen jovial um.

Die Formen wahren

- Wer geht voran in das Restaurant? Der Mann muß heute nicht mehr nachsehen, ob das Etablissement *seiner Dame* gerecht wird! Entschieden wird, wie es am praktischsten ist.
- ER hilft IHR aus dem Mantel und übergibt ihn dem Kellner, dann zieht ER den eigenen Mantel aus. Beim Verlassen des Restaurants, des Theaters etc., erfolgt dies in umgekehrter Reihenfolge, damit SIE in der Zwischenzeit nicht unter der Last ihres Mantels zusammenbricht!
- *Auch* der Ober darf IHR heute aus dem Mantel helfen – die Regel wird hier nicht mehr so streng gesehen. In noch gar nicht so grauer Vorzeit hieß es: »Kein fremder Mann faßt meine Frau an!« In gediegenen Restaurants kümmert sich das Personal oder sogar die Eigentümer nach guter Gastgeberart um die Garderobe – auch IHM wird der Mantel abgenommen.
- ER geht jetzt voran zum Tisch, SIE hinterdrein.
- Falls ein Kellner die Führung zum Tisch übernimmt, gilt folgendes Schema: Kellner-SIE-ER.
- Nehmen mehrere Personen teil, geht es so: ER-SIE-SIE-ER.
- Mit Kellner: SIE-ER-SIE-ER – also bunte Reihe. Es wäre absolut lächerlich, sich exakt zu formieren, um dann loszumaschieren. Hier ist es wie immer bei Spielregeln: sowie jemand sie *nicht* kennt, sollte man selbst darauf verzichten als andere merken zu lassen, daß man es besser weiß.
- Den Rückweg führt die Frau an, bei mehreren Personen gibt es wieder eine bunte Reihe.
- Die jungen Leute ergattern nicht die besten Plätze – dafür dürfen sie sich am Ende um die Garderobe kümmern und die Tür aufhalten!
- Müssen Sie selbst einen Platz suchen und finden keinen leeren Tisch, können Sie sich zu anderen dazusetzen. Vorher fragen Sie natürlich: »Darf ich mich zu Ihnen setzen?«. Im Zugrestaurant genügt wegen des Platzmangels zwar ein freundli-

cher Gruß, ich möchte trotzdem wissen, ob es genehm ist. Ich frage generell auch nach den Rauchgewohnheiten einer Person, die bei *mir* Platz nehmen möchte: »Sie können sich gerne zu mir setzen, falls Sie NichtraucherIn sind.« Denn ich wette mit Ihnen, kaum habe ich mein Essen vor mir, zückt mein zufälliger Tischgast die Zigarette!

- ER rückt IHR den Stuhl zurecht und nimmt dann selbst Platz. Diese schöne Geste, genauso wie die nächste – ist fast ausgestorben.
- ER erhebt sich leicht, wenn SIE kurz den Tisch verläßt und an ihn zurückkehrt. Eine längst vergessene Sitte – aber immer noch aktuell! SIE geht sich dann nicht den »Lidstrich nachziehen« oder als puritanisches Relikt die »Nase pudern«, sondern einfach nach draußen oder in den *powder room:* »Entschuldigen Sie mich bitte einen Moment.«
- Stühle kann man auch *hochheben*, sie müssen nicht über den Boden *gezogen* werden.
- Bemerkt jetzt der schusselige Gast, daß er seine Brille vergessen hat, ist das nicht weiter schlimm – in vielen Restaurants wird mittlerweile eine Brillenauswahl bereitgehalten.
- Im Restaurant braucht der Mann nicht aufzustehen, wenn in einer privaten oder geschäftlichen größeren Runde das Aufstehen beim Begrüßen von hinzukommenden, bekannten Personen sehr umständlich ist. Im Stehen per Handschlag werden jedoch fremde Personen (Geschäftspartner ...) empfangen.
- Bekannte, die zufällig auch im Lokal sind, gehen freundlich grüßend auf ihren eigenen Platz, wenn sie sehen, daß schon gegessen wird.
- Falls mehrere Gäste erwartet werden, geleitet der Gastgeber die ersten zum Tisch, mit der Bitte an den Oberkellner, die nachfolgenden Personen an den Tisch zu führen. ER oder SIE kann natürlich auch an/in der Bar auf alle warten und schon mal die Speisekarte studieren.
- Serviette entfalten, jetzt möchte ich bedient werden.
- Als GastgeberIn sollte man sich so setzen, daß man die weiteren Gäste ohne große Umstände begrüßen kann.
- *Wie plaziere ich meinen Gast-Esser am Tisch?*
- Am besten nicht vis à vis, sondern über Eck, so zählt er/sie nicht jeden meiner Bissen. Natürlich kann man den Platz auch selbst auswählen lassen, mein Gast soll sich ja wohl fühlen. Bitte beachten: Der Sitzplatz des/der GastgeberIn sollte dort sein, von wo aus sich der Service mühelos dirigieren läßt.,
- *Speisekarte ohne Preise?* Wenn automatisch die Frauen in Männerbegleitung die *Damenkarte* erhalten, reagieren sie zu Recht sauer. Unverschämt wird oft die Reklamation begründet: »Das ist stilvoll« oder auf die Frage, ob der Ober denn wisse, wer hier wen einlädt: »Das ist doch Ihr Mann!« Anläßlich eines Geschäftsessens oder einer *wirklichen* Einladung finde ich *Gästekarten* ohne Preise angebracht. Aber dann für *alle* Gäste! Die alte Tradition der Damenkarte wird vor allem in Frankreich hochgehalten. Dort beantwortete kürzlich eine Dame das Reichen bewußter Karte mit dem Satz: »Sehe ich so aus, als würde ich mich aushalten lassen?«
- Als GastgeberIn gebe ich Tips für den Apéritif, für die Weine und die Speisen aus der Region sowie Empfehlungen für Spezialitäten des Lokals.

- Es ist schön, wenn der Gast schon vorher weiß, daß er/sie eingeladen ist.
- Der Gast geht ruhig auf die Empfehlungen ein, denn sie könnten auch dazu dienen, den finanziellen Rahmen ersichtlich zu machen.
- Der Gast kündigt mögliche Unverträglichkeiten an: »Ich bin VegetarierIn, DiabetikerIn, halte gerade die oder die Diät ...«
- Wenn ich als Gastgeberin frage: «Was möchten Sie als Vorspeise?«, ist klar, das eine im Budget enthalten ist. Frage ich dagegen: »Möchten Sie eine Vorspeise?« bleibt unklar, wieviele Gänge *geplant* sind.
- Wer sich über seinen Appetit nicht recht im klaren ist, bestellt sich die Gerichte nach und nach.
- Wer ein Gemüse, Gewürz etc. nun überhaupt nicht ausstehen kann, wird es gleich sagen und abklären lassen, ob die Küche das ändern kann.
- Ein Essen ist ein Essen, also keine Monologe und Vorträge halten. (In Frankreich z.B. ist *parler affaires* erst nach dem Hauptgang angesagt.)
- Bedanken Sie sich bei den Fachkräften für das Einschenken, Teller abräumen ...? Recht so.
- Bei privaten und geschäftlichen Essen eröffnet die Gastgeberin (sonst der Gastgeber) die Tafel, indem sie die Serviette aufnimmt (jetzt wird serviert) und zum Besteck greift (jetzt wird angefangen zu essen).
- »Guten Appetit« zu sagen, gilt heute bei offiziellen Essen als antiquiert – und bloß nicht: »Mahlzeit!« Besser: »Lassen Sie uns beginnen« o.ä. ➪ *Floskeln*
- Der Gastgeber erhebt als erster das Glas. Wenn Alleinstehende einladen, übernehmen sie beide Aufgaben – die Aufforderung zum Trinken und Essen.
- Die Gastgeberin hebt die Tafel auf. Erst wenn *sie* die Serviette ablegt, dürfen es die Gäste auch tun, selbst wenn sie das Essen schon vorher beendet haben.
- Vom Käse- und Dessertwagen (auch nicht vom Spirituosenwagen!) darf man sich nicht selbst nehmen – aber nach Herzenslust aussuchen.

Beschwerden

bitte sofort vorbringen, dabei freundlich bleiben. Reagiert der Ober nicht auf ihre Bitte/Reklamation, fragen Sie nach dem Geschäftsführer. Fragen heißt nicht befehlen. Personal wird, egal wo, nicht wie Leibeigene behandelt! Reklamieren muß heute nicht mehr allein der Gastgeber – auch die Gäste können den Ober dafür an den Tisch bitten, vor allem bei großen Tafeln. Ein aufmerksamer Gastgeber schaut jedoch, was auf die Teller kommt, und fragt seine Gästen, ob alles zufriedenstellend ist.
Reklamieren sollte man *sofort!* Aufessen und erst dann maulen ist verboten! Probieren, stutzen, Kontroll-Happen, evtl. noch einen Mitesser testen lassen, zurückgehen lassen. Wirte und Hoteliers sollten bedenken: *Nur ein potentieller Stammgast beschwert sich.*

- »Hat's geschmeckt?« ist eine Pseudofrage (und sie wird meist zu spät gestellt). Möchte überhaupt jemand eine Antwort darauf? Vielleicht diese: »Sonst hätte ich es nicht gegessen!«

- Nach einem Geschäftsessen bleibt der »harte Kern« oft noch sitzen: Bieten Sie ein allerletztes Getränk an, dann bestellen Sie die Rechnung. Kann ich als Einladender schon jetzt gehen? Das ist möglich – Sie haben einen anstrengenden nächsten Tag – ein Mitarbeiter bleibt sicher noch länger. Je nach Verhältnis zu den Gästen kann man sie auch sich selbst überlassen.
- Beim Abschied wird dem Personal nicht die Hand gegeben.

Artikulieren wir ruhig unsere Wünsche

- »Ich hätte lieber den Tisch dort in der Ecke ...«
- »Was empfehlen Sie heute?«
- »Wie ist dieses Gericht zubereitet/gewürzt ...?«
- »Ich möchte erst noch meinen Apéritif austrinken.«
- »Wir hätten gerne anschließend getrennte Rechnungen.«
- »Die Musik ist mir etwas zu laut – könnten Sie sie bitte ein wenig leiser drehen?«

Stilvolles Verhalten bei Tisch

Oberste Grundsätze beim Essen sind Geräuschlosigkeit und Ästhetik!

Die richtige Sitzhaltung

- Die Sitzhaltung bei Tisch soll Sie nicht ermüden lassen. Wenn Sie aufrecht sitzen mit ca. zehn Zentimetern (einer Handbreit) Abstand zum Tisch und die gesamte Sitzfläche des Stuhls nutzen, werden Sie lange durchhalten. Ihr Rücken sollte nur zwischen den Gängen Kontakt zur Rückenlehne haben.

- Die Unterarme liegen nur ungefähr zu einem Drittel auf dem Tisch, (in Manschetten- oder Uhrhöhe). Die Ellenbogen werden nicht *auf* den Tisch gestellt, die Arme sind am Körper zu halten, die Unterarme sollten nicht an die Tischkante gepreßt werden – wer das tut, muß mit seinem Kopf *zum* Teller gehen!
- Schauen Sie sich bei Ihrem nächsten Restaurantbesuch doch einmal um – wieviele EsserInnen in der oben beschriebenen Weise sitzen bzw. hängen!?

Übrigens ...

Auf den Mittelplätzen der Touristen-Klasse eines »Fliegers« kann sich mensch methodisch darin üben, seine abstehenden Ellenbogen in Form zu bringen!

Was mache ich, wenn ...?

- ... *ich heute jede Menge Zeit zum Speisen habe?* Sagen Sie es dem Service gleich bei der Bestellung – die Küche wird größere Pausen einlegen. Umgekehrt funktioniert das natürlich auch. Wer nur leicht essen möchte, nicht sehr hungrig ist oder auf etwas Besonderes Lust hat, sollte sich beraten lassen. Sonderwünsche freundlich äußern – sie werden meistens gerne bis begeistert erfüllt. Niemand kann *ahnen*, was wir möchten!
- ... *als erster Gang dieses »Bonsai-Arrangement« gebracht wird?* »Als Gruß aus der Küche haben wir heute ein Lachstatar an Dillschaum«, sagt der Ober und Sie keinesfalls: »Das habe ich doch gar nicht bestellt!« Vor Ihnen stehen ein *amuse bouche* oder *Gourmandises,* das im Menüpreis enthalten ist, das Besteck wird mitgeliefert und soll Ihren Magen auf kommende Freuden einstimmen. In der Bar/am Kamin hatten Sie schon diese raffinierten Winzlinge zum Apéritif, Ihr *amuse gueule* (franz.: »Schnauzenbelustigung«).
- ... *mir mein Tischnachbar nicht freiwillig die Gemüseschale reicht?* Ihn bitten, das zu tun – nicht über den Tisch greifen. Und selber daraus anbieten, schauen, ob das »Umfeld« versorgt ist.
- ... *die zweite Portion meines Gerichtes auf der Wärmeplatte steht?* Selber nachnehmen geht nur in Ausnahmefällen (falls der Serviertisch ganz nah steht und sich niemand vom Service-Personal blicken läßt – was äußerst selten vorkommt), ansonsten den Service aufmerksam machen.
- ... *etwas auf dem Tisch fehlt?* Nie selber von Tisch zu Tisch gehen, um Gewürze und Aschenbecher zu organisieren.
- ... *mir etwas hinunterfällt?* Geschulter Service registriert das sofort – er erkennt schon am Klang, was zu Boden gegangen ist, und bringt gleich das richtige Besteckteil mit. Aber Sie können sich auch selber bücken und dann um eine frische Gabel bitten.
- ... *meine Suppe nur lauwarm, das Filet dafür durch ist?* Das muß zurückgenommen werden. Der Service kann (meistens) nichts dafür, darum wird er auch nicht »angemotzt«.
- ... *der Ober so viel zu tun hat?* Helfe ich ihm, indem ich schon mal das benutzte Geschirr stapele? Auf gar keinen Fall! Lassen Sie sich verwöhnen – heute dürfen Sie es. Sitzen Sie jedoch in der hintersten, schwer zugänglichen Ecke, sind Sie natürlich behilflich, aber nur mit *Ihrem* Teller bzw. Glas.

- *... mir im Firmencasino automatisch eine landestypische Vorspeise serviert wird, wie neulich in Schweden, ich aber um nichts auf der Welt kalten Hering essen kann?* Nicht ganz einfach ist die Situation, wenn Sie sich z.B. als Lieferant in einer gewissen Abhängigkeit befinden und Ihre Gastgeber nicht verletzen wollen – versuchen Sie, ein Salatblatt geschickt zu drapieren!
- *... ich vom Teller meiner/s Liebsten probieren möchte (und sie/er mich läßt)?* Stilvoll fragen Sie nach einem frischen Teller, um etwas für sich aufzutun, aber gegen den einmaligen Gabelhappen wird niemand etwas einzuwenden haben. Hand darunter halten, falls es tropft.
- *... ich mein Steak nicht geschafft habe?* Heute muß sich niemand mehr genieren, sein bezahltes Essen mitzunehmen. Nicht nur in Amerika werden selbstverständlich fantasievolle Restepäckchen gepackt – auch bei uns bürgert sich der *doggie bag* mehr und mehr ein.

> Zu den berühmten Aphorismen von Brillat-Savarin (1755-1826), dem Verfasser der »Physiologie des Geschmacks«, gehört: »Sag mir, was Du ißt, und ich sage Dir, wer Du bist«. Das *was* Du ißt kann genausogut durch *wie* Du ißt ersetzt werden!

Wirklich sorry, aber das geht nicht!

- In guten Restaurants selbst einen Platz suchen (wie auch in den USA heißt es: *wait to be seatet*)
- Auf dem Weg zum Tisch den Mantel ausziehen (dafür gibt es die Garderobe)
- Mit den Jacken und Mänteln die Stühle blockieren (Ausnahme: das beste Stück ist dabei und die Garderobe nicht bewacht)
- Kämmen im Lokal (dafür ist der Waschraum da)
- Handtasche (auch Herrenhandtasche) auf den Tisch stellen (kleine Taschen bei Stühlen mit geschlossener Rückenlehne hinter sich verstauen, große Taschen entweder zu den Füßen stellen – so, daß niemand stolpert, oder an die *gerade* Rükkenlehne hängen)
- Mehr Knöpfe als den Jackenknopf öffnen, (er wird bei jedem Aufstehen wieder geschlossen),
- Nägel am Tisch säubern, in den Ohren bohren...,
- Mit dem Zahnstocher hantieren, (das kann niemand würdevoll!)
- Am Tisch laut schneuzen (Trompetenschneuzen ist überall unkultiviert!), sondern diskret mit der *linken* Hand, etwas wegdrehen. Noch rücksichtsvoller ist es, hinauszugehen. Auf keinen Fall wird das »Produkt« in Gegenwart von Zeugen begutachtet!
- Löffel beim Trinken in der Tasse/im Glas lassen
- Würzen, ohne vorher zu probieren
- Brot, das einmal angefaßt ist, wieder in den Brotkorb zurücklegen

- Mit dem Besteck gestikulieren – die Spitzen des Bestecks zeigen *nicht* zur Raumdecke. Messer werden nicht wie ein Bleistift oder Dolch gehalten.
- Messer ablecken
- Die Ellenbogen während des Essens (weit) abwinkeln
- Die Ellenbogen beim Essen aufstützen, (in meinen *Knirps-Knigge-Seminaren* lasse ich die Kinder beim Essen in den Spiegel schauen – manchen Erwachsenen könnte diese Kontrolle auch nicht schaden!)
- Den kleinen Finger abspreizen
- Glas und Zigarette gleichzeitig halten
- Die Hand während des Essens in den Schoß legen – außer Sie sind in den USA
- Mit vollem Mund sprechen oder trinken
- Schlürfgeräusche machen
- Essen kalt pusten
- Große Stücke in den Mund schieben – und überhaupt alles, was unter die Kategorie: *Schlingen* fällt
- Hastiges Essen (militärischer Eßstil!) oder extrem langsames (lieber kleinere Portionen bestellen, als andere lange warten lassen)
- Die Serviette in den Kragen stecken
- Mit der Serviette die Nase putzen – auch nicht mit der Papierserviette
- Löffel und Gabel so vollhäufen, daß ein Teil wieder hinunterpurzelt bzw. tropft,
- Löffel nach Beendigung des Essen in der Suppentasse lassen
- Reste aus dem Sorbetglas/der Eisschale austrinken
- Essensreste mit lauten Schabegeräuschen auf dem Teller zusammenkratzen
- Das Milchkännchen u.ä. am Henkel weiterreichen, so daß es der andere am »Bauch« anfassen muß
- Zwischen den Gängen rauchen, wenn NichtraucherInnen am Tisch sind – wer Zigarre raucht, sollte zudem noch auf seine *weitere* Umgebung Rücksicht nehmen
- Die Zigarette auf dem Unterteller ausdrücken
- Den Aschenbecher als Abfall für Papier und Kaugummi benutzen
- Reste aus der Beilagen-Schüssel auf den Teller schütten, (sondern das Vorlegebesteck benutzen)
- Teller nach dem Essen zurückschieben
- Seinen Sättigunsgrad mit den Worten kundtun: »Bin ich satt, voll ...«
- Sich seufzend (gesättigt) zurücklehnen, gähnen
- Stoffserviette auf den leergegessenen Teller legen
- Im Restaurant das Geschirr eigenhändig zusammenstellen
- Kerze selbst auspusten beim Verlassen des Tisches
- Lautes Verhalten im Restaurant
- Unhöfliches Benehmen dem Servicepersonal gegenüber

Bitte ja:

- Nur mit Wein und Sekt anstoßen – aber nicht »ständig«
- Die Gabel zum Mund führen und nicht umgekehrt
- Die Gläser, die einen Stiel haben, an diesem halten
- Die Serviette immer benutzen

- Das Brot als Beilage brechen, nicht abbeißen
- Beim Abschied bedanken (nicht nur bei den evtl. Gastgebern, sondern auch mit einem Lächeln oder mehr beim Service und dem Maître/Patron. Vielleicht stekken Sie auch mal den Kopf zur Küchentür hinein – die Küchenbrigade sieht immer nur die leeren oder vollen Teller.

  ➪ *Glas und Handhabung*, ➪ *Servieren*, ➪*Gedeck*

Speziell für Frauen

Es gilt immer noch nicht als sehr fein, sich die Lippen während des Essens nachzuziehen. Bei spröden Lippen muß hin und wieder mit einem fetthaltigen Stift nachgeholfen werden – das geht auch diskret. Für den vollständigen *Tapetenwechsel* bietet sich *nur* der Waschraum an.

Das mache ich mit links: Linkshänder

Linkshänder werden zum Glück nicht mehr umerzogen. Mögen sie sonst im Leben wenig Schwierigkeiten haben, bei Tisch werden ihnen immer noch Steine in den Weg zum Mund gelegt. Mit dem Vorlegebesteck auf Platten und in Schüsseln muß er/sie kämpfen, der Gourmetlöffel hat die Kerbe nur auf einer Seite, die Austerngabel ihre Schneidseite auf der falschen – überhaupt sind Besteck und Gläser für ihn/sie seitenverkehrt eingedeckt! Was ist zu tun? Geräuschlos (!) umdecken natürlich. Und hochoffiziell? Den Service bitten. Gastgeber freuen sich, wenn sich ein Linkshänder schon vorher »outet«.

»Hallo Ober !« – »Hallo Gast !«

»Herr Ober« ist kein Problem, aber wie spreche ich eine Frau an? Etwa so: »Frau Oberin – zahlen!«? Das geht auf keinen Fall!

Das »Fräulein«, die »Zenzi« und die »Hallo, Bedienung!« gehören auch auf die Liste der Un-Worte!

Die *Gesellschaft für Deutsche Sprache* empfiehlt neuerdings »Frau Ober« zu sagen. Für meine Ohren hört sich das auf die »Schnelle« zwar keinen Deut besser an, dazu ist auch die männliche Berufsbezeichnung für eine Frau nicht gerade sensibel. Setzt man jetzt aber gedanklich für den »Herrn Ober« den »Oberkellner« ein, dann könnte die Kollegin eine »Frau Ober«-kellnerin sein.

Falls Sie den Namen wissen, sprechen Sie die Restaurant-Fachfrau mit ihrem Namen an. Sonst: Handzeichen, freundliche Mimik und »Bitte« oder »Kommen Sie bitte zu mir?«

Rufen Sie bitte *nicht* durchs Lokal! Schnippen Sie nicht mit den Fingern und reiben Sie Daumen und Zeigefinger auch nicht in Richtung Ober aneinander!

Ideal wären Namensschilder an der Kleidung (die aber aus der Ferne nicht zu lesen

sind) oder »Visitenkarten« auf dem Tisch. Zu bedenken ist hier, daß nicht jede Restaurantfachkraft ihren Namen preisgeben möchte. In Amerika vermittelt die Service-Mitarbeiterin ein Gastgeberinnen-Image (auch ER): sie stellt sich uns mit Namen vor!
Zugbegleiter möchten mit »Herr Begleiter« angeredet werden.
Der Kollege der *Politesse* ist seit neuestem *der Politess (!),* für die *Postesse* gibt es keine männliche Berufsbezeichnung.

Hier nörgelt mal der Gast

- »Schon lange nicht mehr gesehen!« sagt der Gastwirt gedankenlos. »Ist nicht mein Tisch!« »Bin nicht zuständig« bellt der Ober.
- Eine Auskunft über die Zubereitung der Speisen gibt es häufig nicht, dafür Schulterzucken.
- Das Fachchinesisch auf der Speisekarte wird nicht erklärt.
- Die Positionen eines Menüs kann man nicht einzeln bestellen.
- Für mehrere Personen am Tisch kommt das Essen nicht gleichzeitig.
- Discobeschallung im Gastraum!
- Ohne zu fragen, wird nur *eine* Rechnung gestellt.
- Bei noch ziemlich vollem Teller hört der Gast: »Hat es Ihnen geschmeckt?«
- Unhöfliche Antworten bei Reklamationen, Belehrungen des Servicepersonals: »Das muß so schmecken, das hat noch niemand reklamiert, mir schmeckt es ...!«

> Das reichste Mahl ist freudenleer, wenn nicht des Wirtes Zuspruch und Geschäftigkeit den Gästen zeigt, daß sie willkommen sind.
> Shakespeare

Kinder am Tisch

Wenn irgend möglich, feiern und essen Kinder bei familiären Festen mit. Nach dem Motto: »Früh übt sich ...«

Kleine Kinder müssen bei Tisch beaufsichtigt werden, auf sie trifft die Plazierungs-Regel: *Alt vor Jung* nicht zu. Neben ihrer Bezugsperson ist der beste Platz. Geschwister setzt man auseinander, damit es keine Kabbeleien gibt. Erwachsenen-Gespräche sind oft nichts für Kinderohren oder kommen in Kindernähe nicht richtig in Gang – klare Absprachen über die zeitliche Teilnahme der *Wonneproppen* sind dann erforderlich.

Kinder in der Gastronomie. Die heimische Gastronomie vermittelt Kindern oft nicht, daß sie sich auf die Kleinen freut. Sie werden nicht begrüßt und nicht als Gäste wahrgenommen, spezielle Kindersitze und Sitzkissen zum Unterlegen fehlen, es gibt keine Spielsachen, kein Kindergericht auf der Karte. Finden Sie ein Wirtshaus, das die beschriebenen Qualitäten aufweist, dann ist *das* der richtige Ort, um mit dem Nachwuchs »Restaurant« zu üben. Italienische Lokale sind für Familien hervorragend geeignet – dort bringt man die nötige Toleranz für die Kleinen auf, die auch einmal herumlaufen und in die Küche gucken möchten! Manchmal dürfen kleine Stammgäste sogar ihre Spaghettisauce bei *Luigi* selbst umrühren. Andere Restaurantgäste finden Kinder, die an den Nachbartisch spazieren und neugierig fragen: »Was ißt *Du* denn?« meist gar nicht störend, wohl aber das Kind, das durch's Lokal kreischt: »Mama, guck mal, *die* Frau ist aber fett!«
Einen leeren Teller für das Kind, damit es vom Gericht der Eltern mitessen kann – das fordern selbst Leute vom Fach. Sie haben erkannt, daß die Kleinen die Kunden von morgen sind!
Kinder erzieht man keinesfalls in der Öffentlichkeit. Kleine Kinder benehmen sich erst mal nicht schlecht – nur *praktisch.* (Der kürzeste Weg vom Teller in den Mund ...). Schmatzen, mit vollem Mund reden, schlürfen wie die Wikinger, über den Tisch greifen und husten, sich »hinfläzen« sind Verhaltensweisen, die *zu Hause* korrigiert werden (viel Lob, wenig Drill! Geradesitzen hat auch anatomische Ursachen). Kinder, die in den Eltern keine Vorbilder sehen, werden es allerdings schwer haben.
Viele der größeren Kinder wischen sich nach dem Essen den Mund am Pulli-Ärmel ab – woher sollen sie auch den Gebrauch einer Serviette kennen, wenn diese zu Hause nicht üblich ist? In manchen Familien herrscht ein barscher Ton, Rücksichtnahme ist ein Fremdwort, gemeinsame Mahlzeiten gibt es kaum noch, und falls doch, läuft oft die Glotze ... Die Freude und die Lust am Essen sowie der gute Geschmack werden zu Beginn ebenfalls *im* Elternhaus geschult – kein Kind kommt mit einer Vorliebe für Hamburger auf die Welt!
Bei allen guten Vorbildern zu Hause: Kinder möchten hin und wieder über die Stränge schlagen und experimentieren – auch mit den Speisen. Lassen Sie sie doch! Spielen Sie mit Ihren Sprößlingen »Futter im Stall« (Plane und Gerichte in Schüsseln auf den Kinderzimmerboden: es ist *alles* erlaubt, was sonst verboten ist!) und »Menü im Schloß« (*Übertrieben* gesittet geht es zu, sowohl sprachlich als auch bei den manuellen Fertigkeiten!) Kinder haben großen Spaß an solchen Verdrehungen, und die Tischsitten pendeln sich nach einiger Zeit wie von selbst auf das Idealmaß ein. ➪ *GastgeberInnen*

»Wittu Liebe – muttu essen.« Dieser umgewandelte *Möhrchen-Spruch* steht sinnbildlich für viel Leid bei Kindern und Jugendlichen: Sie haben schnell 'raus, wie sie

Eltern nerven können – nämlich durch *Nichtessen*. Recht bald ist man dann bei Belohnung und Bestrafung im Zusammenhang mit Essen angelangt.
Nächste widersprüchliche Stufe: »Du bist zu dick, hier ist Dein Joghurt, ich esse Dir weiter meine Chips vor«. Ist das Gefühl von Hunger und Sättigung nicht erlernt worden, können Eßstörungen die Folge sein. Zweidrittel der BundesbürgerInnen haben bereits ernährungsbedingte Krankheiten.

- Der *Platzteller* wird (in den meisten Restaurants) erst nach dem Hauptgang abgeräumt. ➪ *GastgeberIn*
- Links neben dem Platzteller steht der *Brotteller* mit einem *Brotmesser,* das nur zum Bestreichen des abgebrochenen Brotstückchens benutzt wird.
- Auf dem Tisch steht für mehrere Gäste gemeinsam ein Butterteller mit einem kleinen Messer oder einer Gabel (natürlich kann das auch Schmalz oder Quark im Töpfchen sein). Nach dem Butternehmen wird das spezielle Buttermesser gleich zurückgelegt.
- Wird der Brotteller nach der Vorspeise abgeräumt, kommt an seinen Platz evtl. der *Salatteller.* Hier setzt sich jedoch der internationale Gebrauch durch – das Brot bleibt während der Hauptgänge auf dem Tisch, sodaß dann zwei Teller links vom »Hauptteller«stehen. Bestehen Sie auf ihrem Brotteller, falls Sie ihn noch behalten möchten.
- Der *Salat* kann auch auf dem Platzteller serviert werden. Dann wird er mit der Gabel in der rechten Hand gegessen, sonst mit der linken Hand.
- *Fingerschalen* werden gebracht, wenn Speisen mit der Hand gegessen werden können/müssen (Artischocken, Meeresgetier oder frisches Obst). Diese Fingerbowle steht dann meistens oberhalb des großen Tellers, in ihrem warmen Wasser schwimmt ein Scheibchen Zitrone (hoffentlich! zum Säubern der Fingerspitzen); Blütenblätter oder die Finger*färbende* Zutaten sind ein Gag, sie haben keine gute Funktion. Natürlich trinkt niemand aus der Fingerschale!
- Der *Gräten- oder Knochenteller* sei noch erwähnt – er steht auch oberhalb des Hauptgangtellers.
- *Das Besteck wird wie folgt angeordnet:*

  Die meisten Gabel(n) links, Messer, Suppenlöffel und Soßenlöffel (Gourmetlöffel) rechts vom Teller. Mehr als vier Besteckpaare sollten es nicht sein. Weitere Besteckteile kommen dann mit den Gerichten oder werden nachgelegt. Das Dessertbesteck, evtl. auch ein Obstmesser, liegt oben quer in »Greifrichtung.« Mit einem Blick können wir also meistens erkennen, wie viele Gänge es gibt. Hin und wieder sieht man, daß die Gabeln mit den Zinken nach unten aufgelegt sind – was hat es damit auf sich? Wer Silber mit Monogramm besitzt, kann auch heute noch so eindecken; einziger Grund war und ist das Zeigen eben dieses Monogrammes.

  Nur die kleine Vorspeisengabel wird rechts eingedeckt, manchmal liegt sie dort auch schräg. Salat- und Vorspeisengabeln sind etwas kürzer. Die langstielige Fonduegabel sei hier noch erwähnt – mit ihr wird nicht gegessen, sondern nur im Fonduetopf gegart. Hat sie grad nichts zu tun, ruht sie auf dem Eßteller aus.

Ist Fisch dabei, sehen wir im Restaurant ein *Fischbesteck* (das Messer mit der stumpfen Klinge), im Privathaushalt kommt es vor, daß mangels Fischbesteck auch zwei Gabeln eingedeckt sind. In der Schweiz und in Frankreich finden wir bestimmt anstelle des Fischmessers den flachen *Gourmetlöffel* mit der kleinen Kerbe an der Muldenseite. Bei uns wird er vorwiegend zum Löffeln der Sauce rechts eingesetzt, oder auch als Dessertlöffel, was manche nicht für besonders glücklich halten.
Das Gemüse zum Fisch (z.B. Fenchel) ist oft so *al dente*, daß es schwerlich mit dem Fischmesser zu bewältigen ist – in diesem Fall muß ein ordentliches Messer her. Auch Aal, Scampi, Tintenfisch, Hummer und manche anderen Fischsorten ißt man besser nicht mit dem Fischbesteck.
Die *Gläser* (möglichst nicht mehr als drei, außer es handelt sich um ein großes Menü, dann auch noch ein Champagnerglas) stehen oben rechts, entweder in einer schrägen Linie oder auch im Dreieck, und werden von außen nach innen benutzt, wie es der Logik entspricht. Das heißt, daß aus dem »aktuellen«, vorderen bzw. rechten Glas, getrunken wird. Darin kann auch Wasser sein. Bei jeder neuen Weinsorte/neuem Getränk wird ein frisches Glas benutzt und das gebrauchte abgeräumt. Das Besteck wird entsprechend der Speisenfolge von außen nach innen benutzt.

- *Suppenteller* werden zum vollständigen Auslöffeln *nicht* (gierig) angehoben oder geneigt.
- *Suppentassen* hingegen dürfen für den letzten Rest an den Henkeln (Ohren) – möglichst nur an einem – gefaßt und ausgetrunken werden. Vorher bitte die Einlage ganz auslöffeln, sonst fällt sie dem Trinkenden auf die Oberlippe!
- *Suppenlöffel und Kaffeelöffel* gehören auf den Unterteller. Beim Suppenteller kann der Löffel auch evtl. im Teller bleiben – so entgleitet er dem Service nicht so leicht beim Abräumen.
- Für den Käse gibt es auch ein separates Besteck. Das zweispitzige Messer ist zum Aufspießen des Käse dabei, wenn Sie ein ganzes Käsebrett vorgesetzt bekommen, ansonsten wird Ihnen vom Käsewagen etwas angeboten – mehr als drei bis vier Sorten zu verlangen, ist gierig! ➪ *Wein & Käse*

Die *nonverbale Verständigung* über die Wünsche bei Tisch in Deutschland sieht folgendermaßen aus: Messer und Gabel kreuzen sich mit den Spitzen: »Bitte nachlegen«
Die Besteckteile liegen parallel schräg auf dem Teller, die Griffe zeigen nach rechts auf etwa *fünf Uhr* (So kann der Service leicht abräumen): »Ich bin fertig«.

- Während des Trinkens Besteck rechts und links am oberen Tellerrand ablegen; es sollte nicht mehr mit dem Tischtuch in Berührung kommen. Ist ein Platzteller eingedeckt und Besteck für mehrere Gänge (großes Gedeck), bietet sich sowieso keine andere »Bestecklage« an – ansonsten sehe ich diese Regel bei manierlich essenden Leuten nicht so eng: Wer sein Besteck nicht *saucetropfend* rechts und links kurzzeitig ablegt und keine Gefahr besteht, das es bei Turbulenzen aufs Tischtuch rutscht, kann das so oder so handhaben.

- Wohin mit dem Besteck beim Gang ans Buffet? Das kommt darauf an, wo Sie sind. In guten Restaurants bekommen Sie für jeden Gang ein frisches Besteck und nehmen sich auch einen neuen Teller (schon aus Feinschmecker-Gründen!). Falls nicht, können Sie Ihr benutztes Besteck auf dem Teller mitnehmen, was ich jedoch nicht rate. Legen Sie Ihr Besteck souverän auf der Serviette am Tisch ab – dann kann es unterwegs nicht verloren gehen!

Übrigens ...

Das Besteck wird viel zu selten aus der Hand auf den Teller gelegt! Beim Reden, Trinken und Nachbestellen sieht man es nicht selten sogar in Richtung Zimmerdecke zeigen.

- Hört sich das jetzt alles schrecklich kompliziert an? In erster Linie soll essen Freude machen und kommunikativ sein. Wer nicht weiter weiß, kann den Service nach der korrekten Handhabung fragen: die verschiedenen Besteck- und Gedeckteile haben meistens ihren Sinn und sind nicht dazu da, uns zu gängeln. Anderswo werden sie anders eingedeckt – Hauptsache, es ist ein Werkzeug da, um an die Köstlichkeiten zu gelangen! ➪ *Linkshänder,* ➪ *Servieren,* ➪ *Wie esse ich denn das?*

Die Serviette

Bevor Sie mit dem Essen beginnen, die Stoffserviette je nach Größe einmal entfalten und auf die Oberschenkel legen. Dort bleibt sie während des ganzen Essens. Bei uns ist es üblich, sie weder in den Hemdenkragen noch sonstwo am Oberkörper hinzuwurschteln! Selbstbewußte Kleckerer, mit nur *einem* Hemd auf Reisen, schützen sich trotzdem (anmutig!) mit der Serviette vor der Bolognese-Sauce. Manchmal sehe ich dabei einen silbernen *Napkin-Clip* blitzen, der in ein Hemden/Blusen-Knopfloch eingehängt wird. Für's große Krebsessen bedeckt man sich, so gut es eben geht, mit Lätzchen oder Riesenserviette. Bevor Sie trinken, bitte mit der Serviette den Mund abtupfen, damit das Glas sauber bleibt und keine Fettaugen im Wein schwimmen. ➪ *Gläser und ihre Handhabung*

Wer zwischen den Gängen einmal verschwinden muß, deponiert seine Serviette links neben dem Teller und legt sie nicht auf der Stuhllehne ab (Abrutschgefahr) und auch nicht auf der Sitzfläche (Hygiene). Nach dem Essen, d.h. erst nach dem Kaffee ruht sie endgültig links am Platz. Locker soll sie zusammengelegt werden, auf keinen Fall wieder in ihre ursprünglichen Kniffe – ja glaubt denn jemand im Ernst, sie würde nochmals eingedeckt? Und nie, niemals kommt sie *auf* den leergeputzten Eßteller! Eins ist klar: je weiter wir südlich reisen, um so legerer und gekonnter wird mit der Serviette umgegangen.

Die Papierserviette soll leicht zusammengedrückt mit dem letzten Teller abgeräumt werden. Wieso soll sie eigentlich *auf* dem »abgegessenen« Teller ruhen – das sieht scheußlich aus?! Wenn ich Papierservietten ablege, möchte ich die Materialtrennung in der Küche berücksichtigen und lege meine Serviette *neben* den Teller. In neun von zehn Fällen wird sie von der Service-Kraft beim Abräumen aber wieder in die restliche Sauce zurückgetunkt! ➪ *GastgeberInnen*

- Der *ranghöchsten Dame zuerst*, danach allen anderen Damen, danach dem ranghöchsten Herrn etc.
- Praktischer ist es sicher, zuerst dem *Ehrengast* zu servieren und alsdann im Uhrzeigersinn um den Tisch. Bei offiziellen oder großen Essen ist die Zahl der Servicekräfte ausreichend, alle bekommen ihr Gericht zum annähernd gleichen Zeitpunkt. Wohlerzogene Gäste, die mit dem *warmen* Essen warten, bis alle etwas vor sich haben, ermuntert die Gastgeberin: »Fangen Sie doch bitte schon an zu essen, sonst wird es kalt«. Bei riesigen Tafeln wäre langes Warten eine Zumutung – also beginnt man, wenn das warme Gericht vor einem selbst und den unmittelbaren MitesserInnen steht. Auch im Restaurant und privat bietet der, der sein Essen später bekommt, den anderen an, doch schon zu beginnen. ➪ *Der Besuch im Restaurant*
- Serviert wird *von rechts* (Vorspeisen, Suppen, gefüllte Teller, Schüsseln, die auf den Tisch kommen und Dessert). Man serviert *von links* Platten zum Selbstbedienen oder zum Vorlegen. Dabei benutzt der Gast beide Hände für das Anlegebesteck! Nur der Service, der ja mit einer Hand die Platte hält, »quält« sich mit Löffel und Gabel gleichzeitig ab.
- Kleine Hilfe für den Service: Sie lehnen sich ein wenig zur anderen Seite.
- *Abgeräumt wird von rechts. Ausnahme:* Brot- und Salatteller, die auch von links serviert werden, weil von ihnen links gegessen wird.
- *Eingeschenkt wird von rechts.* ➪ *Gläser.* Im Restaurant und privat wird diese Regel nicht mehr so eng gesehen und alles nach der praktischen Seite gehandhabt: Wie ist es am wenigsten umständlich, wen störe ich nicht im Gespräch, usw.
- Die silbernen Warmhalte-Glocken *(cloche de service)* haben heute eigentlich nur noch einen beeindruckenden (?) Show-Effekt. Früher waren sie unbedingt nötig, um die Speisen z.B. von der Schloßküche in den weit entfernten Speisesaal zu befördern. Man sollte sie niemals selber hochheben – der ganze Zauber wäre dahin!
- Bevor das Dessert angeboten wird, verlassen leere Gläser, unbenutztes Besteck, der Platzteller und die Gewürze den Tisch. In vielen guten Restaurants kommt jetzt der *Tischfeger* zum Einsatz, der hoffentlich aus einer Rolle besteht, die die Krümel gleich in ein Behältnis tranportiert, denn richtige kleine Handfeger lösen bei mir immer diese Assoziation aus: wo mag der schon überall gefegt haben? Auch wenn der Griff aus Silber gefertigt ist. Eine gefaltete Stoffserviette oder die praktischen »Krümel-Schaber« aus Frankreich sehen hygienischer aus.

Größere Veranstaltungen erfordern einen Tisch- und Sitzplan. Mehrere Sechser- oder Achtertische sind für Gespräche besser als lange Tafeln. Vor allem vor U-Formen und langen Tafeln »am Stück« sei gewarnt – sie sind wahre Kommunikationskiller. Für die Anordnung von Tischen und Stühlen gibt es mehrere Möglichkeiten, die sich nach den Räumlichkeiten und der Absicht der Einladung richten.
Bei Hochzeiten bestimmt das Brautpaar, wo die Gäste sitzen.
Damit Ihre Gäste den zugedachten Platz problemlos finden, muß der Plan einsehbar sein. Die Tür zum Saal ist darauf markiert, die einzelnen Tische können namentlich benannt werden (Blumen-, Städte- oder Ländernamen ...) oder Symbole bekommen und dazu noch farblich unterschieden werden. Steckplacements für gesetzte Essen an einem Tisch sind praktisch (mit Filz oder Samt bespannte Tafeln mit der Form des Tisches sowie Schlitzen, in die die beschriftete Kärtchen gesteckt werden) – im Schreibwarenhandel erhältlich. Ich nehme die preiswertere Variante: nämlich eine hübsche Magnettafel, selbstgeschriebene Namensschilder, die mit kleinen Magneten fixiert werden.
Tischkärtchen zur Orientierung aufstellen, sie enthalten nur den Vor- und Nachnamen (und bei offiziellen Essen den akademischen Titel), nicht die Positionsbezeichnung. Die Kärtchen sollten doppelseitig beschriftet sein, damit die »MitesserInnen« nicht in Verlegenheit gebracht werden. Es gibt doch tatsächlich Teilnehmende, die schon mal nachschauen, wo sie plaziert sind, damit sie die Tischkarten *diskret* vertauschen können. Dieser Unsitte beugen wir vor, indem wir erst ganz kurz vorher »ausschildern«. Anläßlich gesetzter Essen unter zwölf Personen finde ich Tischkarten überflüssig.
Sitzplätze können auch im Losverfahren vergeben werden. Achtung, ausländische Gäste mit Sprachproblemen! Ein netter Zug ist es, den Gästen beim Eintreffen einen handlichen »Spickzettel« an die Hand zu geben mit einer Zusatz-Information über ihre Tisch Genossen: 1) = Herr Vogt, Vorstandsmitglied der XY Bank, ein lieber Freund der Familie. 2) = Frau Dr. Piekfein, eine Koryphäe auf dem Gebiet der Akupunktur, 3) = etc. etc.
Natürlich ist es stilvoller, Tischnachbarn miteinander bekanntzumachen.
Auf Tagungen, Seminaren und Konferenzen haben sich Namenskärtchen zum Anstecken etabliert.
Auch bei privaten Festen mit einer größeren Anzahl von fremden Gästen können Namensschilder bereitgehalten werden – nicht alle werden sie anklippsen wollen (z.B. zarte Kleiderstoffe).

Sitzordnung bei kleineren Runden

»Setzt euch, wohin ihr wollt!«
Das mag bei Einladungen im privaten Kreis eine angebrachte Aufforderung sein – es kann jedoch passieren, daß die beiden Freundinnen oder die Geschäftspartner sich wieder zusammensetzen und für die anderen als GesprächspartnerInnen nicht mehr existieren. Andererseits sollten auch nur Menschen nebeneinander gesetzen werden, die sich etwas zu sagen haben!
Runde Tische befreien weitgehend von lästigen Sitzordnungs-Fallen.

Bei offiziellen Essen gelten folgende Faustregeln:

- Die Gastgeber sitzen sich gegenüber (so können sie sich z.B. wortlos verständigen)
- Der Ehrenplatz ist in Deutschland für den Herrn links neben der Gastgeberin
- Der weibliche Ehrengast/ranghöchste Gast sitzt rechts neben dem Gastgeber
- Ob es in der heutigen schnellebigen Arbeitswelt noch angebracht ist, (Ehe-)Paare generell auseinanderzusetzen, sei dahingestellt – korrekt ist es immer noch
- Der Tischherr sitzt stets links von seiner Tischdame
- Ehefrauen/-männer und LebensgefährtInnen haben den Rang des geladenen Partners
- Gleichgeschlechtliche Paare werden wie Ehepaare behandelt
- Gäste werden vor Verwandten plaziert
- Ältere Gäste vor jüngeren
- Angehörige einer fremden Firma etc. vor der eigenen
- Ausländische Gäste vor inländischen
- Fremde vor Angehörigen
- Die *internationale Sitte* wird immer beliebter, nämlich: den Ehrengast (egal ob männlich oder weiblich) rechts neben der Hausfrau zu plazieren – hier wird dann auch mit dem Servieren begonnen.

Es war einmal...

Je bedeutender der Gast, desto ranghöher war er (das gilt auch heute noch). Je höher der Rang, um so weiter ging der Gastgeber ihm entgegen (daran hat sich auch nichts geändert – Staatsbesuche). Je höher der Rang, desto bequemer durfte der Gast sitzen und desto näher auch am Salz« – wer früher nah genug am Herrscher saß, kam an die teuren Gewürze!

Austern

Im Restaurant bestellen wir drei/sechs/neun/zwölf Austern. Dann sind sie natürlich schon geöffnet. Viele Restaurants lösen die Auster *ganz* aus, lassen sie aber in der Schale. Der Grund: die Gäste haben Mühe, die Auster zu lockern – es soll schon vorgekommen sein, daß sie in die Schale beißen! Darum stets vorher vergewissern, ob die Auster noch am Schließmuskel hängt. Falls ja, mit der Schneideseite der Austerngabel das Fleisch am Austernpunkt lösen, dann samt Eigenwasser ausschlürfen – oder die Auster mit der Gabel herausheben und die Flüssigkeit anschließend trinken. Ob Auster roh pur, mit einem Spritzer Zitronensaft, etwas Charlottenessig oder gegart genossen wird, ist reine Geschmackssache. Mit von der Partie ist meistens etwas Graubrot nebst Butter oder ein Stück Baguette. *Plates:* die runden, milden, flachen, z.B. »Belon«-Austern; *Creuses:* die tiefschaligen, kräftigeren im Geschmack, z.B. die »Sylter Royal«. Bitte *nie* eine Auster essen, die trocken in ihrer Schale liegt: sie ist verdorben.

Artischocke, ein Distelgewächs

Wollen wir sie im Ganzen essen, bleibt uns ein Spezialbesteck erspart. Blätter von unten beginnend abzupfen, Blattende in Soße tunken (Vinaigrette oder Sauce Hollandaise), den fleischigen Teil mit den Zähnen ausstreifen, ungenießbaren Teil ablegen. Mit Messer und Gabel das »Heu« abstreifen und den Boden wie ein Stück Fleisch essen (Fingerschale).

Avocado

wird meistens als Hälfte und gefüllt serviert. Dann halten Sie sie mit der einen Hand fest, mit der anderen wird gelöffelt. Ist die Avocado für den Hausgebrauch zu unreif? Mit einer Banane oder einem Apfel zusammen einige Zeit in eine Plastiktüte stecken.

Brot, Baguette und Brötchen

die *zum* Essen gereicht werden, bitte *nicht* abbeißen, sondern kleine, mundgerechte Stücke abbrechen. Wird Butter, Schmalz oder ein anderer Aufstrich dazu angeboten, bitte ebenso verfahren: Etwas Aufstrich auf den eigenen, links stehenden Brotteller nehmen, dann portioniert auf das abgebrochene Stück Brot geben. *Toast* wird meistens halbiert, mit Butter bestrichen, gegessen. ➪ *Kaviar*

Das *Frühstückbrötchen* zerschneiden Sie bitte nicht freihändig, es bleibt auf dem Teller liegen – jede Hälfte wird alsdann belegt/bestrichen. Den Belag nicht mit den Fingern festhalten!

Knoblauch-Baguette, z.B. zur Bouillabaisse, muß man nicht brechen, die Hände werden zu schmierig.
Brötchen und *Croissant* werden aus der Hand, *belegte Brote* mit Messer und Gabel gegessen. Zum Bestreichen der (halbierten) Brotscheibe sollte in Gesellschaft die Gabel zur Hilfe genommen werden.

Butter

Mit dem Buttermesser/der Buttergabel ein Stück auf Ihren Tellerrand nehmen, von dort mit dem eigenen (Brot-) Messer weiterverarbeiten.

Canapés (Häppchen)

werden mit der Hand gegessen. Sie sollten so klein sein, daß sie auf einen Biß verzehrt werden können.

Das Frühstücksei

darf heute mit dem anlaufgeschützten Messer auch geköpft werden. Möglichst weit oben, damit das Eigelb nicht herausläuft, (ich finde diese Methode nach wie vor barbarisch). Oder Sie klopfen es mit dem Löffel und heben die Spitze damit ab. Sie können die geklopfte Schale aber auch mit den Fingern abpellen und, ohne das Ei anzuheben, auf den Unterteller legen.

Geflügel

Jedes Geflügel wird »unter Aufsicht« mit Besteck gegessen – es sei denn, wir befinden uns auf dem Oktoberfest. Dort greifen wir auch volkstümlich zünftig zum Hähndlbein, falls wir möchten. Noch eine kleine Ausnahme: Wachtelbeinchen dürfen abgenagt werden (Fingerbowle).

Über zwanzigtausend Fischarten leben in den Gewässern der Erde!

Stellvertretend muß hier die *Forelle* als ganzer Fisch dran glauben.
Haut ab Kiemenhöhe am Rückrat entlang bis zur Schwanzspitze auftrennen und ablösen. (Falls Sie die Haut eines Fisches mögen, essen Sie sie.) Vorsichtig das Filet der Länge nach halbieren und nach unten abheben. (Je nach Grätenlage bei anderen Fischen, schieben Sie die Filetstücke nach unten oder oben ab. Jetzt kann die Hauptgräte mit Messer und Gabel leicht entfernt werden. Sie gehört auf einen separaten Teller, dann kann ungestörter weitergegessen werden. Einmal die ganze Sache umdrehen – schon ist die Forelle verputzt. Bei vielen Fischen muß gar nicht gewendet werden.
➪ *Servieren*

Krebse

Flußkrebse, Taschenkrebse, große Seespinne, Hahnenkamm-Krabbe – jetzt ist Handarbeit angesagt! Liegt der Krebs mit seinen Geschwistern vor uns und schaut uns an, dann sind wir bei einem Krebsessen. (Ansonsten macht er uns als Vorspeise, weil mundgerecht zubereitet, keine große Arbeit). Ein Besteck (Messer mit Loch in der Klinge und kleine zweizinkige Gabel) ist eingedeckt. Ohne die Hände geht es aber nicht! (Fingerbowle, Abfallschale). Sie drehen die Scheren ab, dann den Schwanz, der sich versteckt. Kommt das Fleisch nicht schon freiwillig heraus, helfen Sie mit dem Messer nach – der Schwanz wird unten aufgeschnitten. Die Beinchen finden das Loch im Krebsmesser, zack – sind sie durchbrochen. Alsdann wird gesaugt und gepult, auch mit der Krebsgabel.

Hummer, lobster, homard, astaco, bigavante (deutsch, engl., franz., ital., span.).

In unseren Breiten kommt kaum jemand noch in Verlegenheit, einen (halben) Hummer »am Stück« essen zu müssen/dürfen. Als Vorspeise ist er appetitlich ausgelöst und zerkleinert. Dann wird er mit Messer und Gabel gegessen. Geraten wir doch einmal an einen kompletten, kommen wir auch bei ihm nicht voll zum Zug – er ist halbiert und aufgebrochen (die Hummerzange ist arbeitslos). Bleibt uns nur die Zelebration mit dem Abdrehen der Beine und der langen Hummergabel. Und: es darf hemmungslos gezuzelt werden! (Fingerschale, zweite Serviette, Abfallteller). Die *Bretonen* schwören auf ihren bretonischen Prachtkerl, die *Helgoländer* damals auf den ihren, die *Nordamerikaner* sowie die *Kapstädter* haben auch was vorzuweisen.

Langusten, Garnelen, Krabben, Tiefseekrebse oder -Garnelen

Kommen Sie bei diesen Bezeichnungen auch immer durcheinander? Noch schlimmer wird's auf ausländischen Speisekarten: *prawns, shrimps, Krevetten, crevettes gries, camarónes!* Gemeint sind Garnelen und keine Krabben, die zehn Füße haben. *Langusten (rock lobster)* sind auch Zehnfüßler, besitzen kein Scherenpaar und gehören, obwohl sie nur Schwanzfleisch liefern, nach weiter oben in die Hummerfamilie. Ebenso die *Langustine (scampi, langustine, scampo, Kaisergranat),* von der das Schwanzteil köstlich ist – aber bei uns selten frisch im Handel, sondern gekocht und/oder gefroren. Das, was wir landläufig *gamba* nennen und hemmungslos am Mittelmeer gegrillt vertilgen, macht uns beim Öffnen keine große Mühe: Kopf abdrehen, am Bauch (bei den Beinchen) mit beiden Händen nach rechts und links auseinanderziehen, Schwanzteil herausnehmen und pur oder mit Dip-Saucen genießen.

Zum köstlichen *plateau fruits de mer* in Frankreich, mit seinen mehreren Etagen, benötigen wir als Handwerkzeug zusätzlich eine Nadel für die kleinen Meeresschnekken. *Bigorneau, bulot, littorine bleue.* Wenn Sie sich das erste Mal ein *plateau* bestellen, denken Sie bitte daran, daß auf ihm gegarte und rohe (lebende!) Tiere sind.

Miesmuscheln, franz. moule

In die Hand nehmen, das Fleisch der ersten mit der Gabel herausholen, allen weiteren mit einem leeren Schalenpaar zu Leibe rücken. (Abfallschale, Fingerbowle).

Landschnecken, franz. escargot

Das Schneckenhaus mit der Spezialzange im Pfännchen halten (links für RechtshänderInnen) und mit der kleinen, zweizinkigen Gabel aus dem Gehäuse holen. Kräuterbutter auf Extrateller gießen oder gleich aufs Brot – jedenfalls darf gestippt werden.

Spargel

kann heute geschnitten werden, weil die Messer nicht mehr oxydieren, er kann aber auch, mit der Gabel als Hilfestellung, von der Spitze her im ganzen gegessen werden. Bei lässigeren Gelegenheiten wird er auch mit den Fingern genommen.

Maiskolben

werden manchmal mit zwei kleinen Gabeln serviert, die wir dann in die Seiten hineinstecken – so bleiben die Finger weitgehend sauber. Rundherum abknabbern macht nicht nur Kindern Spaß.

Zu Obst

wird häufig ein Obstbesteck gereicht, damit Sie *Orange, Apfel* oder *Pfirsich* schälen und teilen können. *Trauben* und *Kirschen* werden mit den Fingern abgezupft. Von einer ganzen Traubenrispe in der Obstschale sollten Sie keine einzelnen Trauben abzupfen, sondern einen ganzen Stengel abbrechen – nur noch selten liegt eine Traubenschere für diesen Zweck dabei. Kerne, die mit der Frucht *per Hand* in den Mund gelangen, kommen auch mit der Hand wieder zum Vorschein. Bitte mit der *Linken* aufnehmen, denn mit der *Rechten* sagen Sie vielleicht gleich der Frau des Chefs »Auf Wiedersehen«! *Feigen* und *Kiwis* mit dem Messer halbieren und auslöffeln. *Banane* mit der Hand wie gewohnt pellen – die Schale wandert aus Hygienegründen auf einen Extrateller, dann mit Messer und Gabel essen, aber auch aus der Hand. (Mir war es als Teenager streng verboten, in männlicher Gesellschaft, Bananen aus der Hand zu essen: »Eine Dame macht das nicht!« höre ich noch meine Mutter sagen.) *Kumquats* (Zwergorangen) werden mit der Schale gegessen, ebenso die *Physalis* (Kapstachelbeere) in ihrer papierähnliche Hülle. Die in Scheiben geschnittene *Karambole* (Sternfrucht) wird ebenso mit Schale verzehrt – zwei Besteckteile sind meistens erforderlich, denn die Frucht gelangt oft in unreifem Zustand auf unseren Teller. In die Verlegenheit, eine ganze *Ananas* zerteilen zu müssen, geraten wir im Restaurant wohl nie. Werden Scheiben gereicht, ißt man sie mit Messer und Gabel. Das meiste Obst kann ohne Hinzunahme der Finger *nur* mit einem Besteck nicht *würdevoll* gegessen werden. Oder haben Sie schon einmal eine Birne bei Tisch mit Messer und Gabel geschält, geteilt und zu sich genommen, wenn keine Fingerschale eingedeckt wurde? Na, sehen Sie! Jeder vernünftige Mensch bestellt sich bei einer Einladung eine *crème caramel,* falls er/sie darf und Schluß! In südlichen Ländern gehört das Obst nach dem Essen zum Standard – dort geht man/frau auch geübter damit um und macht nicht so viel Aufhebens davon.

Spaghetti

Mit der Gabel am Tellerrand kleine Knäuel drehen. Oder Sie drehen die Spaghetti auf dem Löffel. Andere Nudeln zerteilen Sie mit der Gabel in kleine Stücke, falls sie im ganzen zu groß sind.

Fleischspieße
müssen von ihren Fleischstückchen befreit werden, solange es noch ohne große Mühe geht – nämlich schnell, wenn das Fleisch noch heiß ist. Den Spieß aufstellen, mit der Hand festhalten, mit der Gabel die »Brocken« abschieben und den Spieß an den Tellerrand legen. Dazu sei bemerkt, daß bei einem Fleischspieß mit verschiedenen Sorten wohl nur wenige Stücke *auf den Punkt* gegart sind – allen kann man es eben nicht recht machen. Kurze Spieße in Rouladen lassen sich während des Essens bloßlegen und entfernen.

Trüffel
Die schwarzen Diamanten der Küche werden kaum jemandem im Stück serviert, sondern in der Speise oder hauchdünn darüber gehobelt.

Kaviar, der Rogen von Störarten
Stilgerecht serviert wird er im Originalglas auf Eis. Etwas davon auf gebutterten Toast geben und abbeißen (Zitrone ist Geschmackssache). Oder gleich mundgerechte Stücke fertigmachen. Kaviar auf Blinis: mit Messer und Gabel essen. Das den Geschmack nicht beeinträchtigende Besteck für Kaviar ist aus Perlmutt, Holz, Horn oder Kunststoff (Schauder!). Die Top-Sorten: *Beluga, Ossietra, Sevruga, Schipp.*

Alle Speisen, die mit der Gabel zerteilt werden *können* (Omelette, Crêpes, Pasteten, Klöße, weiche Maultaschen oder Ravioli, Gemüse ...), werden *offiziell* nicht mit dem Messer zerschnitten. Kartoffeln »darf« man heute schneiden, weil die Messer nicht mehr anlaufen. Jetzt entsteht aber ein Konflikt: die Sauce gleitet an der glatten Schnittfläche ab – also matschen? In Gesellschaft besser nur ein *klitzekleines* Stückchen und in Zukunft die Kartoffel lieber mit der Gabel zerteilen.

Auch *Salat* wird eigentlich nur mit der Gabel gegessen. Das Messer wird hier, wie bei den weichen Speisen auch, selbstverständlich zur Hilfe genommen – schneiden Sie ruhig ein zu großes Salatblatt klein. Wie kann man nur den (»zu kurz denkenden«) Küchen die gigantischen Salatblätter abgewöhnen, die niemals elegant zu essen sind? Mein derzeitiger »Lieblings-Italiener« weiß Bescheid, weil ich es ihm *gesagt* habe – und wenn alle anderen am Tisch besagte Blattmonster (zwölf mal zwölf Zentimeter im Quadrat) serviert bekommen, ist mein »Grüner« fein zerzupft! Gar nicht reden möchte ich von der naiven Annahme, niemand würde die Gaunerei mit den untergeschmuggelten Salatblättern bemerken, deren Verfalldatum längst abgelaufen ist!

Und wie öffne ich Plastikdöschen mit Milch und Honig, wie Senf- und Ketchup-Briefchen im Flugzeug oder im Frühstücksraum des Hotels? Das sind doch die wahren Fragen des Lebens! Nicht mit den Zähnen – niemals!

Wer nicht weiß, wie's geht, fragt den Ober (falls er/sie sich traut). Nicht immer machen es die Mitesser« richtig – also abgucken kann auch *gefährlich* sein! Ganz Verklemmte täuschen eine Unverträglichkeit vor und essen unter Umständen den ganzen Abend nichts!

Wein und Speisen

Die richtige Kombination von Wein und Speisen ist selbst für den Sommelier (Weinkellner) täglich eine neue Herausforderung. Verschiedene Garmethoden, die Verwendung orientalischer Gewürze, Essige in Soßen und weitere Freiheiten der modernen Küche führen die alten Faustregeln (weißer Wein zu Fisch, weißer Wein zu weißem Fleisch, etc.) ad absurdum. Wenn schon der Fachmann voll gefordert ist, wie soll dann erst der Gast sich in den umfangreichen Weinkarten auskennen?
Wenn es im Restaurant Ihrer Wahl einen kompetenten Wein-Fachmann gibt, sollten Sie sich ihm in jedem Fall anvertrauen. Er kennt seine Weine und die Gerichte, zu denen sie passen sollen. Ein guter Sommelier wird sich nach Ihren Wünschen und Vorlieben erkundigen und Ihnen dann die richtigen Weine empfehlen. ➪ *Sommelier*
Möchten Sie als GastgeberIn die Weine selbst aussuchen, empfiehlt *Bernd Kreis,* bester Sommelier Europas 1992, Ihnen folgende *Grundregeln*, die wirklich *nur* als allgemein gesehen werden sollten und im Einzelfall abgeändert werden können.

Sie kennen die Vorlieben Ihrer Gäste und richten die Bestellung danach aus. Vielgereiste Geschäftsleute sind geübte Esser, sie kennen die internationalen Standardweine in- und auswendig. Mit *Pinot Grigio,* einfachen, *jungen Chablis, Sancerre* und internationalen *Chardonnays* (Ausnahme Burgund) beeindrucken Sie heute Ihre Gäste nicht mehr. Weitgereiste schätzen, sofern vorhanden, die Weine der besuchten Region. Es gibt kaum Weingegenden, in denen es keine ansprechenden Tropfen gibt.

> Das Leben ist zu kurz, um schlechten Wein zu trinken.
> *Volksweisheit*

Apéritif

Noch immer sind *Champagner* und andere *trockene Schaumweine* die beliebtesten Drinks vor dem Essen, die belebend wirken und festlich stimmen.

Es war einmal...

Madame Pompadour, Mätresse Ludwigs XV., stellte im 18. Jahrhundert fest: »Champagner ist der einzige Wein, der eine Frau auch noch nach dem Trinken schön aussehen läßt.« Und spätestens seit »Pretty woman« wissen wir, daß Erdbeeren den feinen Geschmack des Champagners vortrefflich unterstützen.

Eine andere Variante sind *trockene, leichte Weißweine,* die vor allem im Sommer bevorzugt werden (*Muskateller* aus Baden, *Weißburgunder* von der Nahe, *Rieslinge* von der Mosel). Appetitmacher sind vor allem *Champagner* und *Sherry.* Sie stimulieren die Sekretion von Magensäften fand Manfred Singer, Facharzt für innere Medizin an der Universität Heidelberg, heraus. ➪ *Champagner*
Am Mittelmeer ist Hochprozentiges als Apéritif (Apero) beliebt: *Pastis, Ouzo, Raki* – Anisgetränke, die mit Wasser verdünnt werden und dann eine milchig-gelbe oder -weiße Farbe annehmen. Als andere Apéritifs gelten: *Campari, Cinzano, Cynar, Prosecco.* Ein Klassiker ist gewiß der *Dry Martini* mit der grünen Olive. Auch verschiedene *Whisky*-Sorten sind absolut tauglich.
Neuerdings wird auch *Trinkessig,* eine Verfeinerung des Gourmetessigs, angeboten (verschiedene Geschmacksrichtungen, z.B. mit Honig). In homöopatischen Dosen ausgeschenkt, ist er etwas für Leute, die schon alles kennen.
Finden Sie selbst heraus, was Ihnen vor dem Essen schmeckt und bekommt. Ich verkleistere mir jedenfalls nicht gerne die Geschmacksnerven mit süßen Mixgetränken oder einem Pastis!
Ein weiterer klassischer Apéritif ist der *Sherry.* Die Bezeichnung »trocken« ist bei Sherry eine rein deutsche Erfindung, bei Ihren internationalen Gästen ist dieser Sherrytyp in der Regel als *Fino* (der leichteste Sherry) oder *Manzanilla* (etwas kräftiger) bekannt. Beide sind immer trocken!
Ein gezapftes, kühles *Bier* ist ein guter Durstlöscher, jedoch kein Apéritif, und wird *anstatt* getrunken.

Übrigens ...

Der Deutsche Brauer Bund outete das Sieben-Minuten-Pils als finsteren Aberglauben (Hansjörg Bosch auf der Grünen Woche in Berlin 1995). Kundinnen und Kunden bekommen nach folgender, perfekter zwei bis drei Minuten-Zapfzeit kein unnötig »laffes Getränk« serviert: Bier am schräg gehaltenen Glas entlang laufen lassen, halb gefüllt für eine Minute Ruhen gönnen, nachzapfen ohne den Hahn einzutauchen. Nach einer weiteren Minute wird dem ganzen die Schaumkrone aufgesetzt. Mit neuartigen Kompensationshähnen kann die Zapfzeit sogar auf zwanzig Sekunden gedrückt werden. Für »Den Hügel des Grauens« (»Bild«) beim Mann (Bierbauch) ist nicht das Pils verantwortlich, sondern das fette Essen.

Es war einmal...

Wein mit Vergangenheit – dies wird ihm nachgesagt: Er soll ein Geschenk der Götter an die Menschen gewesen sein. Die Ägypter dankten dafür Osiris, die Griechen Dionysos und die Römer ihrem Baccus. Als ältestes geschichtliches Zeugnis gruben Archäologen 1969 bei Damaskus eine 8000 Jahre alte Traubenpresse aus. Es gibt über 2000 Rebsorten auf der Welt und etwa 1400 Weinorte in Deutschland.

Wählt man nun den passenden Wein zum Essen oder das passende Essen zum Wein?

Hier streiten die Fachleute.
Auf jeden Fall sollte die *Weinauswahl eine Steigerung der Qualitäten bieten;* fangen Sie also nicht mit dem teuersten Wein an. Zu leichten, frischen *Vorspeisen* werden Sie einen jungen, leichten *Weißwein* auswählen. *Trockene Weine* sollten für ungeübte Zungen grundsätzlich erst einmal *zum* Essen probiert werden, so kann man sich Enttäuschungen ersparen. Diese durchgegorenen Weine enthalten nur 4 bis 9g unvergorenen Zucker (Restsüße) und sind wegen ihres herb-kräftigen Geschmacks nicht sofort jedermanns Sache. Weil sie aber den Eigengschmack der Gerichte nicht übertönen, passen sie zu vielen Speisen besonders gut und sind sehr bekömmlich. *Halbtrockene Weine* (bis zu 18g Restsüße) harmonieren ebenfalls hervorragend zum Essen und können danach noch weitergetrunken werden. Im Restaurant gehört es nicht zum guten Stil, nach dem Essen bei einer nächsten Flasche Wein sitzen zu bleiben.
Vorsicht bei Gerichten, die *säurebetont* ausfallen (Salate, Gerichte mit Vinaigrette, Zubereitungen mit Essig), hier sind Weine mit geringerer Säure gefragt – *also* Riesling vermeiden.
Fette, schwere Gerichte (Gänseleber) verlangen nach kräftigen, säurearmen *Weißweinen* (Weine aus Burgund, andere barriqueausgebaute Chardonnays, Weiß- und Grauburgunder aus dem Barrique) oder leichteren, frischen *Rotweinen.*

Exotische Gewürze

Vorsicht auch bei Gerichten mit Curry, Ingwer, Safran oder ähnlichen scharfen orientalischen Gewürzen, sie sind der Feind trockener Weißweine.
Sie bestellen dazu am besten *Weißweine mit Restsüße* (klassische Riesling-Auslesen, Traminer, Gewürztraminer) oder *Rotwein.*
Ob Sie nun zu Fisch oder Fleisch Rot- bzw. Weißweine trinken, hängt allein von der Zubereitungsart ab: von der Garmethode, von der Sauce, ... *Vereinfacht läßt sich sagen:* Zu gekochtem, pochiertem, gedämpftem Fleisch oder Fisch paßt ein säurearmer Weißwein oder ein leichterer, gerbstoffarmer Rotwein. Gebratene, gegrillte oder geröstete Speisen verlangen nach kräftigen, schweren Rotweinen. Der darin enthaltene hohe Alkoholgehalt und die Gerbstoffe helfen beim Verdauen dieser Gerichte.
Innerhalb eines Menüs (mehrgängiges Essen) empfiehlt es sich, einen *Weinwechsel* vorzusehen, so stumpft der Gaumen nicht ab.
Zum Suppengang gibt es keine neue Sorte.
Die Kombination von Käse und Wein ist eine der schwersten Übungen. Die Behauptung, daß vor allem *schwerer Rotwein* am besten zu Käse paßt, ist *grundfalsch.*
Zu jedem Käse gibt es einen individuell passenden Wein, logischerweise müssten Sie zu jedem Käse einen anderen Wein trinken. Das ist natürlich unmöglich, deshalb gehen Sie in jedem Fall einen *Kompromiß* ein.

Hier eine kleine Empfehlung

Roquefort/Blauschimmel = Sautern/Trockenbeerenauslese, Ruländer,
Schaf-/Ziegenkäse = Silvaner, süßerWeißwein (Auslese-Riesling) oder ein fruchtiger Sancerre, auch ein guter Rotwein,
Reife Weichkäse = Rotwein (Chinon, reifer Côtes-du-Rhône) oder sogar Port,
Hartkäse = Burgunder/Chianti,
Camenbert = Barolo/Brunello,
Handkäse = Apfelwein.

Zum letzten Wein einen passenden Käse oder zum Käse einen harmonierenden Wein?

Diese Frage entscheide *ich* nach dem Inhalt der Weinflasche.

Wenn ich in einem Restaurant esse, das einen Käsekellner beschäftigt, bitte ich diesen oft: »Empfehlen Sie mir doch Käsesorten (aus der Region), die zu meinem letzten Wein passen«, oder umgekehrt: »Welchen Wein soll ich zu dem und dem Käse trinken?« Damit gebe ich mir keine Blöße, sondern bekomme die optimale Kombination. Bei Käsesorten, die ich nicht kenne, (in Europa werden circa 540 verschiedene angeboten, davon in Frankreich 365), frage ich außerdem nach der besten Reihenfolge des Verzehrs – so kann ich von ganz mild bis aromatisch kräftig maximal genießen.

Käse schließt *nicht* den Magen! Jetzt gönnen wir uns noch ein Dessert.

Zum Dessert empfiehlt sich ein *Dessertwein,* der in den meisten Restaurants auch glasweise angeboten wird. Fragen Sie den Sommelier danach. Eine Harmonie von trockenen Weiß- oder Rotweinen und trockenen Schaumweinen mit Desserts gibt es nicht, denn: *Süße Speisen* verlangen nach *Süße im Wein!*
Deutsche Beeren- und Trockenbeerenauslesen gehören zum edelsten in diesem Feld, natürlich auch Sauternes und andere französische Dessertweine.
Auch hier wieder die Regel: Fruchtige, leichte Zubereitung mit fruchtigen und leichten (deutschen) Weinen und schwere Gebäckvarianten mit schwereren Weinen vermählen.
Vorsicht bei *Schokolade.* Es gibt nur wenige Weine, die damit harmonieren: *Port, Madeira* (Bual oder Malmsey), *Vin Santo* (Toscana), *Sherry* (Pedro Ximenez oder East India) und *Banyuls* (ein roter Dessertwein aus Südfrankreich).

Es war einmal ...

Nach dem Niedergang Griechenlands und Roms ging der Brauch verloren, die Speisen gangweise mit einem Wein zu servieren. Wiederbelebung hauptsächlich durch den russischen Botschafter in Paris, Prinz Ernst Borosovitch Kourakine, der 1811 als erter ein achtgängiges Menue mit jeweils einem Wein servierte.

Digestif

Falls ein *Digestif* gewünscht wird, (der »Verdauungsdrink« nach dem Essen), sollten Sie sich über regionale Spezialitäten beraten lassen, oder greifen Sie zu klassischen Drinks wie *Cognac, Armagnac* etc. Auch hier sind Allerwelts-Optionen zu vermeiden (Williamine Morand, Ziegler Nr. 1, Vieille Prune,...).
Auch einige *Whisky-Sorten* sind hervorragende after-dinner Drinks.
Bernd Kreis empfiehlt, zum Whisky kein geschmackszerstörendes Soda oder Eis zu geben, besser schließen einige Tropfen Mineralwasser (etwa Evian) das Aroma auf. Ideale Trinktemperatur: 18 Grad, etwas wärmer schmeckt er auch. Achtung: Im Restaurant bestellte »feine Früchtchen« haben oft (zu recht) horrende Preise! ⇨ *Gläser*

> *Anekdote*
>
> In einem Pariser Nobel-Restaurant möchte der Firmen-Kunde einen Digestif und freundet sich auf der Karte gerade mit einem hundertjährigen Cognac an. Der Gastgeber reagiert blitzartig: »Lieber Freund, lassen Sie uns doch einen aus Ihrem Geburtsjahr trinken!« Hat's der Kunde gemerkt? Überliefert ist nur, daß der Abend sehr harmonisch endete.

Ein Wort zu den *Trinktemperaturen*. Die meisten Regeln sind entweder falsch oder werden falsch verstanden. Am häufigsten werden Rotweine viel zu warm und die Weißweine viel zu kalt konsumiert.
So ist die Zimmertemperatur-Regel für den *Rotwein* schon zweihundert Jahre alt und kann nur im historischen Zusammenhang gesehen werden. Damals galt eine Raumtemperatur von 18 Grad als Luxus. Also wurden die *Rotweine* bei etwa *16* bis *18 Grad* getrunken, was absolut richtig ist. *Weißweine* sollten nie eiskalt getrunken werden. Die richtigen Temperaturen liegen zwischen *8 Grad* bei *leichten, frischen Weinen* und bis zu *12 Grad* bei *schweren Burgundern. Weißherbst* und *Rosé* ist bei *9* bis *14 Grad (jung)* und bei *12* bis *14 Grad (älter)* richtig temperiert.
Auch die Schaumweine werden oft zu kalt serviert, *8 Grad* sind ideal, aber auch *10 Grad* kann man noch akzeptieren – ein guter *Chamgagner* zeigt dann weiterhin Feinheiten.

> *Anekdote*
>
> Beim Italiener um die Ecke trinkt ein Gast die Flasche Aceto Balsamico aus, die für seinen Salat bestimmt war. Darauf zu Patron Guiseppe: »Also, *der* Wein hat viel zu viel Säure!«

Diese Kriterien bitte bei der Weinauswahl ebenfalls beachten: der Sommelier ist dankbar für jede Zusatzinformation.

- *Tageszeit* – muß anschließend noch gearbeitet werden? Also leichtere Weine.

- *Jahreszeit* – im Sommer leicht, spritzig und jünger, zum Winter hin kräftigere, opulentere Sorten.
- *Außentemperatur* – hier gilt das gleiche.
- *Anlaß* – feierlich/festlich, einfach, Geschäftsessen, soll Eindruck gemacht werden?.
- *Zusammensetzung des Personenkreises* (Alter, Weinverständnis ...)
- *Das Budget* – was darf der Wein kosten?

Warum sind besondere Weine im Restaurant oft so teuer?

Ein guter Wein hat natürlich seinen Preis. Dem Gastronomen entstehen gerade bei Rotweinen hohe Lagerkosten. In manchen Spitzenrestaurant-Kellern liegt totes Kapital für mehrere hunderttausend Mark – mehr als zehn Jahre alte Flaschen sind dann unglaublich teuer. ➪ *Sommelier*

Übrigens...

Den ersten Lesbenwein Deutschlands brachte die Wagenstädterin Elke Engelhorn auf den Markt: einen 10,5 % Kerner (1995) mit Namen Corange« (Horn des Engels). Ihn haben ausschließlich Frauen behandelt, von der Lese bis zur Etikettierung.

Gesundheit

Wein in Maßen ist gesund!

Er beruhigt und entspannt, soll in der Lage sein, Übergewicht abzubauen und den Stoffwechsel zu festigen. Das Tannin säubert außerdem den Mund und in Weingegenden wird der Rebensaft auf kleine Wunden getupft. Seit den Anfängen der Medizin gibt es Gelehrten-Streitereien um die gesundheitliche Wirkung des Weins. Schon Hippokrates empfahl den Rebensaft bei Ischias, Darmerkrankungen, Herz-Kreislauf-Störungen. Neuere Studien belegen den positiven Einfluß der phenolischen Inhaltsstoffe des Rotweins auf Arterien und Blutspiegel.
Etwa 700 Kalorien enthält ein Liter Wein. 1-2 Glas Wein zur Mahlzeit genossen, beschleunigen die Fett- und Eiweißaufspaltung, fördern die Verdauung. Ein trockener Wein kann das Fehlen von Magensäure ausgleichen.

Literaturempfehlung

Der kleine Johnson für Weinkenner, Hugh Johnson, jährliche, aktualisierte Neuauflage, Hallwag.
Atlas der Deutschen Weine, Hugh Johnson / Stewart Pigott, Hallwag.

Weinlagerung

Weine ruhen optimal dunkel, bei hoher Luftfeuchtigkeit und erschütterungsfrei. Wer ist aber schon in der glücklichen Lage, einen winzerähnlichen Naturkeller zu haben? Wer Wein sammeln oder anlegen möchte, kann ihn oft beim Winzer deponieren oder kauft einen Klimaschrank. Für den Hausgebrauch eines regelmäßigen Trinkers/einer Trinkerin langt ein Kellerraum, in dem *nicht* auch Zwiebeln, Knoblauch etc. gelagert werden. Einige Schalen mit Wasser zum Verdunsten aufstellen; ein Weinregal ist sinnvoll – Wein mit Naturkorken ruht *liegend.*
Zur Geburt des Kindes einen Vorrat anzulegen und bis zur Volljährigkeit aufzubewahren kann manchmal auch eine ungeahnte Rendite bringen – ist aber nur etwas für starke Naturen! Gegen das frühzeitige Austrinken hilft da nur *einmauern* und am achtzehnten Geburtstag wieder *ausgraben!*

Speziell für Frauen

Die Weinsprache ist eine romantische Sache – wenn das Bukett (von Männern) beschrieben wird, sind Blumen und Früchte angesagt: Rosen, Veilchen, Pfirsiche – auch zärtliche Poesie: charmant, elegant, jugendlich, rund, rassig, fein ... Die großen Weingüter in der Champagne haben fast alle ihre *Witwen.* Frauen kaufen öfter ein, auch den Wein; sie sind ein wichtiger Konsumfaktor – und sie hängen ihr Wissen um den Rebensaft nicht so raus, gehen unverkrampfter damit um! Was ich damit sagen will? Frauen, ran an den Wein! In allen Kulturepochen haben Frauen Wein hergestellt, verkauft und genossen – in meinen Seminaren treffe ich immer wieder auf Geschlechtsgenossinnen, die keine Sektflasche öffnen können! Ja, vergnügen sie sich denn nie ohne IHN? (Frauen können viertausend Gerüche unterscheiden, Männer weniger)
Weine entdecken, Joanna Simon, Hallwag 1994, ➪ *Champagner*

Weinprobe

Bei professionellen Weinproben geht es *nur* um den Geschmack – deshalb können die Kostproben in bereitstehende Gefäße wieder ausgespuckt werden. Besonders kleine Weingläser sind dann eingesetzt, jeder bekommt nur ein Schlückchen. Weißbrot oder Wasserwecken zum Neutralisieren, rauchen verpönt! Experten sagen, daß RaucherInnen nur gegen *bestimmte* Geschmacks- und Geruchsempfindungen immun sind; sie können ungewohnte, neue Eindrücke wohl wahrnehmen. ➪ *Rauchen*
Bei der privaten Weinprobe wird oft auch Käse, Quiche oder ähnliches gereicht – die Speisen sollten relativ neutral sein, keine Zwiebeln, Knoblauch und starke (exotische) Gewürze, beim Käse z.B. milder englischer Cheddar oder Emmentaler.
Und bitte kein aufdringliches Parfüm zur Weinprobe »anlegen«!
➪ *Düfte und Gerüche*

Der Sommelier

In Deutschland gibt es etwa 120 staatlich geprüfte Weinkellner, (auch Frauen erlernen den Beruf, Tendenz steigend, dann: die Sommelière), die zudem Spirituosen-Sachverständige sind. Ihr Erkennungszeichen ist die silberne Traube am Revers ihrer »Uniform«, das Abzeichen ihrer Fachunion. Und vor ihm, dem Sommelier, ist keine Flasche sicher!
Seine Laufbahn begann in früheren Zeiten als Wagenlenker, der sich auch um das leibliche Wohl seiner Herrschaft kümmern mußte und alsdann zum Mundschenk avancierte.
Das *tastevin*, ein silbernes Schälchen (evtl. an Kette und Hals), jahrzehntelang nach dem Korkenzieher sein wichtigstes Handwerkszeug (von der Nase und den Geschmackspapillen einmal abgesehen), ist aus der Mode gekommen. In den runden Dellen des *tastevin* spiegelt sich zwar noch immer die Färbung des Rotweins und in den seitlichen Rillen die Tönungen des Weißweins besonders gut, man findet es aber eigentlich nur noch bei den betagten Winzern im Einsatz, z.B. in Burgund.
Der Sommelier bestückt in Zusammenarbeit mit dem Gastronomen und Küchenchef den Weinkeller, pflegt und verwaltet ihn. Gemeinsam werden auch Speisen und passende Weine ausgesucht sowie die Speisekarte erstellt.

Sobald Sie am Restauranttisch sitzen, sollten Sie im Hinblick auf den Wein folgendes beachten:

- Andeuten, wer der/die GastgeberIn ist – er/sie bekommt später auch die Weinkarte.
- Wenn der Sommelier an den Tisch tritt, weiß er normalerweise schon, was Sie an Gerichten bestellt haben.
- Sie haben jetzt entweder schon die Weinkarte studiert oder bekommen sie im Beisein des Sommeliers gereicht.
- Erkundigen Sie sich nach den Wünschen Ihrer Gäste am Tisch.
- Äußern Sie die Wünsche, auch bezüglich der Preise.
- Trauen Sie sich *nicht,* laut Ihre Preisvorstellungen zu sagen, weil etwa Kunden zuhören, zeigen Sie diskret auf der Karte die gewünschte Preisklasse, eine geschulte Fachkraft weiß dann, was Sie ausgeben möchten.
- Lassen Sie sich einen/oder mehrere Weine empfehlen.
- Ein guter Sommelier empfiehlt sowieso immer Weine aus mehreren Preisklassen.
- Wenn Sie sehr dominant Ihren Weinwunsch äußern, ohne sich wirklich auszukennen, wird er Ihnen nicht widersprechen, und Sie sind wahrscheinlich der Dumme.
- Bestellen Sie ruhig auch halbe Flaschen (0,375l), falls es sie gibt und Sie vorhaben, zu jedem Gang Ihres Menüs einen anderen Wein trinken zu wollen.
- Denken Sie auch an Mineralwasser zum Durstlöschen. Die Wasserkarte ist ja in manchen Häusern vom Umfang her schon fast mit der Weinkarte vergleichbar!

Kohlensäurearmes Wasser, beispielsweise aus Frankreich und Italien, wird auch bei uns immer beliebter.

- Die Zitronenscheibe im Mineralwasser verdirbt nun wirklich den Weingeschmack!
- Ignorieren Sie »Möchtegern-Sommeliers«, die nasal wissend tun: »Darf ich Sie daran erinnern, daß Sie *selle de chevreuil* (Rehrücken) bestellt haben – dazu paßt kein Weißwein?!« Ein stilvoller Sommelier versucht *nicht*, seine Gäste mit einer Wein-Geheimsprache einzuschüchtern, im Gegenteil – er wird die Angst vor dem Rebensaft abbauen.
- Ohne Begleitung speisende Personen begrüßen glasweise ausgeschenkten Wein – auch von der besseren Sorte! Falls das nicht von selbst angeboten wird, hilft Nachfragen.
- In guten Häusern probiert der Sommelier jeden Wein, den er verkauft, um den Gast vor »Schaden« zu bewahren – schmeckt der Wein z.B. korkig, merkt *er* es und unter Umständen *nicht* der Gast.
- Wer den Wein bestellt, bekommt dann den weiteren Probierschluck. Oft aus einem kleineren Gläschen.
- Ist eine Frau die Gastgeberin, steht natürlich ihr dieser Test zu, es sei denn, sie delegiert diese Aufgabe (und auch das Bestellen) an weinkundige »Mitesser«, was jetzt *keineswegs* geschlechtspezifisch gemeint ist!
- Manchmal scheuen ältere Kellner immer noch davor zurück, einer Frau die Weinkarte und den Probierschluck zu geben, sowie Männer mit am Tisch sitzen. Hier hilft nur freundliche, aber bestimmte Beharrlichkeit.
- Bei Beanstandungen wenden Sie sich immer vertrauensvoll an den Sommelier.
- Da Ihnen eingeschenkt wird, gibt es keine Unsicherheiten mit der Glasfolge. ➪ *Gläser*
- Der Weinkellner nimmt manchmal die Gläser zum Einschenken vom Tisch weg – das ist kein *fauxpas,* sondern erleichtert das Eingießen und verhindert eventuelles Kleckern auf die Tischdecke. Obwohl es rund um den Service zum Glück immer flexibler zugeht, reichen *wir* keinesfalls unser Glas an.
- Die Getränke zum Essen werden serviert, sobald der Apéritif ausgetrunken ist. In manchen Restaurants kommt der erste Gang bereits, während man noch den Apéritif genießt. Das ist schlecht getimter Service – wehren Sie sich dagegen.
- Der Service möchte die benutzten Gläser abräumen. Sie ziehen es vor, bei dem vorigen Getränk zu bleiben oder es noch auszutrinken. Jetzt keine Hektik! Schnelles Hinunterkippen ist unfein. »Ich möchte den Wein noch austrinken – ich möchte bei dieser Sorte bleiben,« reicht aus.
- Selber nachschenken? Sagen Sie dem Weinkellner, daß der Wein in Ihrer Nähe bleiben soll – vor allem, wenn Sie vertrauliche Gespräche führen, kann ständiges Nachschenken störend sein.
- Sind *Sie* Gastgeber, übernehmen *Sie* die Aufgabe des Nachschenkens – nicht Ihre Gäste. Darf eine Frau oder darf sie nicht? Formvollendeter ist es sicher, wenn das Nachschenken dann ein männlicher Gast übernimmt oder sowieso der Kellner.
- Selber einschenken, wenn der Wein dekantiert, also in einer Karaffe ist? Möglich, jedoch unüblich wegen der Tropfgefahr.
- Und bitte nicht die leere Flasche umgedreht in den Kühler stecken! Auch wenn der Patron Ihres Lieblings-Italieners das zelebriert. (Aufforderung zum Nachbestellen?)

Ohne Korkenzieher ist der Weintrinker nur ein halber Mensch; ohne ein anständiges Glas ist er verloren. (Wolfram Siebeck)

Für jedes Getränk gibt es heute ein spezielles Glas. Die Auswahl ist riesengroß. Muß ich denn das ganze Sortiment haben?
Mal abgesehen davon, das die wenigsten Menschen den Platz und das Geld für eine komplette Anschaffung haben, genügen für den Hausgebrauch vier oder fünf Weinglasformen. WeintrinkerInnen schätzen hauchdünnes Kristallglas, weil der Wein daraus am besten schmeckt. Dickwandiges Industrieglas ist was für schwungvolle Outdoor-Parties.

Wie soll ein ordentliches Weinglas beschaffen sein?

- Der *Kelch* muß auf jeden Fall klar sein, also farblos und durchsichtig – damit zu sehen ist, was getrunken wird.
- Bunte Gläser sind deshalb zum Weintrinken ungeeignet.
- Diese farbigen, oft ja tollen Erbstücke benutze *ich* dann für andere Getränke (z.B. Wasser) auf der festlichen Tafel.
- Das Glas hat einen *Stiel.* Der muß so lang sein, daß die Hand mit dem Kelch nicht in Berührung kommt. Der Inhalt behält die (Ideal-) Temperatur, der Kelch wird nicht »fleckig«.
- Das Glas sollte *groß genug* sein für den Luftkontakt und somit für die Entfaltung des Buketts.
- *Weißweingläser* haben jedoch einen kleineren Kelch, damit die Duftnoten nicht so schnell entweichen und der Wein seine Temperatur behält. Sie werden zu etwa dreiviertel gefüllt.
- Für *Rotweingläser* gilt: Jüngere Weine mit hohem Gerbstoffgehalt verlangen nach einem größeren Kelch, (mehr Luft kommt an den Wein und macht ihn geschmeidiger). Sie füllt man zu einem guten Viertel voll.
- Verschiedene Weinarten und Weinalter verlangen auch nach verschiedenen *Kelchformen.* Süß, sauer, bitter und salzig werden auf getrennten Teilen der Zunge empfunden, so auch die verschiedenen Geschmacksbestanteile des Weins. Außerdem sollen die Aromastoffe nicht entweichen, sondern gezielt an die Nase gelangen
  Das heißt:
  Aufgebogener Rand leitet den Wein an die Zungenspitze, die weniger säureempfindlich ist. Für junge, fruchtige Weißweine ideal, zum Beispiel Riesling, Sauvignon blanc (unter 12 % Alkohol)
  Leicht verjüngte Form läßt den Weißwein in die Zungenmitte gelangen; hier wird Säure und Fülle vermittelt. Geeignet für die Rebsorten: Pinot blanc, Pinot grigio, Cortese, Gewürztraminer, Silvaner, um nur einige zu nennen.

Bauchiges Burgunderglas mit aufgebogenem Rand läßt Duft und Geschmack optimal entfalten. Für Rotweine mit über 12,5 % Alkohol, hoher Säure und mittlerem Tanningehalt wie die Sauvignon-Familie, Pinot noir und Nebbiolo.
Bordeauxglas mit verjüngtem Rand (Grand Cru) bringt Merlot, Cabernet Sauvignon und andere im Barrique (Eichenfaß) ausgebaute Rotweine mit hohen Tannin- und mittleren Säurewerten zur Geltung.
Das kleine Bordeauxglas ist eins meiner Favoriten für »täglich«. Aus ihm schmeckt eine Vielzahl von Rot- und kräftigen Weißweinen gut.
Champagner & Jahrgangschampagner-Gläser (Tulpenformen) sind ideal für diese trockenen Genußmittel; für die süßen Schaumweine eignen sich *Flöten* besser, auch schon wegen der geringeren Schaumbildung in der Mundhöhle.
Sektschalen sind ganz aus der Mode gekommen – in ihnen verperlt der Schaumwein viel zu schnell. Die ehemals den Brüsten der Madame Pompadour nachempfundenen Schalen, in den Fünfzigern hoch im Kurs, sind heute zu Shrimpscocktail- und Eisschälchen degradiert.
Verschiedene Apéritif-, Digistif- und Biergläser runden das Sortiment ab. *Mein Tip:* Die *Tiroler Glashütte Riedel* stellt Gläser von hoher Qualität her. ⇨ *Hausbar*
Herausgreifen möchte ich hier die Glasform für *Whisky & Cognac:* Beide Brände kommen in ein kleineres, dünnwandiges Glas von der Größe eines Sherryglases – auf keinen Fall in einen Schwenker!! Bis zu höchstens einem Drittel füllen, damit »gewiegt« werden kann. Beide Getränke kommen *nie* in vorgewärmte Gläser! Auch wenn sich dieser Tip in Etikette-Büchern hartnäckig hält.

- Auf jeden Fall müssen sich Wein und Glas dem *jeweiligen Anlaß* anpassen – wer rümpft denn die Nase, wenn bei einem Picknick die Sektflöten fehlen?
- Gläser werden am besten nur mit Wasser gepült – sie müssen frei sein von Staub und Gerüchen.
- Zum Aufbewahren sollten sie nicht auf dem Kopf stehen, sonst setzt sich die abgestandene Luft darunter.
- Feinschmeckerinnen gehen ohne Lippenstift zum Essen, weil er sowieso nur am Glas klebt und mitgegessen wird. Aber so ist das mit der Repräsentation: Alles soll stimmen, und Lippenstift muß sein! Also: Vor Beginn des Essens (Apéritifs) dezent mit einem *Papiertuch* abnehmen.

Es war einmal...

Die Griechen tranken Wein aus flachen Tonschalen, die Römer aus Bechern, die Germanen bevorzugten das Horn der Rinder und Steinböcke oder den Schädel des Feindes (mit Edelmetall eingefaßt!)

In den Weinseminaren, die das Weingut Anselmann in Edesheim und ich gemeinsam halten, werde ich oft nach dem stilvollen Gebrauch von Glas und Wein gefragt. Manche Handhabungen etablierten sich fest, weil sie praktisch sind und dem uneingeschränkten Weingenuß dienen.

So sollte es sein

- Die Flasche beim Einschenken nicht auf dem Glasrand abstützen. Tropfen sind zu umgehen, indem man nach dem Einschenken mit der Flasche eine kleine Drehung macht. Auch eine (weiße) Serviette, unter den Flaschenkörper gehalten, tut gute Dienste.
- Das Flaschenetikett leicht in Richtung Gast drehen, um die Neugier auf die Marke zu befriedigen.
- Die Gläser beim Einschenken nicht anheben und schräg halten, außer Sekt/Champagnerglas.
- Das Glas beim Einschenken nicht mit der Hand festhalten.
- Ein Glas, das einen Stiel hat, wird in *Deutschland* auch an diesem gehalten. Ich betone das deshalb, weil es z.B. in Großbritannien zur *feinen englischen Art* gehört, das Glas am Kelch zu fassen. Aber ich bin mir sicher, daß *KennerInnen* weltweit die Gründe für die oben genannte Technik genauso sehen, auch wenn es uns die Fernsehwelt hartnäckig anders vormacht:
  Der Inhalt behält die gewünschte Ideal-Temperatur,
  das Glas bleibt ansehnlich,
  der Klang beim Anstoßen ist schöner.
- Die Hand sollte nach *unten* gebogen das Glas halten, damit evtl. Geruchsstoffe (z.B. durch Seife oder Zigarette) nicht nach oben steigen und das Bouquet beeinflussen.
- Auch dickbauchige Rotweingläser werden an ihrem Stiel gehalten, und der Inhalt wird nicht mit den Händen »gewärmt«. Ich gehe davon aus, daß der Wein im guten Restaurant (und auch privat) genau die Temperatur hat, die er verlangt.
- Der Gastgeber, der älteste Herr, oder auch der Ehrengast erhebt als erster das Glas. Später trinkt jeder nach eigenem Bedürfnis. Das Zuprosten bitte nicht übertreiben.
- Angestoßen wird nur zu besonderen Anlässen, und dann auch nur mit Wein und Schaumwein. Natürlich machen die AntialkoholikerInnen dabei mit.
- Nicht angestoßen wird mit Plastikbechern, Bierflaschen und Dosen.
- Bierkrüge werden am Henkel gefaßt, schwäbische »Viertelesgläser« auch.
- Longdrinkgläser, dazu alle anderen Gläser ohne Stiel, werden am unteren Drittel gehalten. Der Griff an den oberen Rand soll wohl lässig wirken (verblüffend oft in Filmen zu bestaunen), sieht aber unelegant aus und erinnert mit den abstehenden Ellenbogen an »studentisches Bruderschaftstrinken«!
- Mit dem Strohhalm werden keine Schlurfgeräusche gemacht. Und auch sonst nicht (Ausnahme: Weinprobe)
- Kleinen Finger beim Trinken nicht abspreizen, wirkt antiquiert.
- Vor dem Trinken wird der Mund mit der Serviette abgetupft.
- Nicht mit vollem Mund trinken.
- Kaffee-, Tee- und Glühweintassen werden mit *einer* Hand gehalten.
- Löffel beim Trinken bitte nicht in der Tasse/im Glas lassen.
- Der Gastgeber oder auch der Ehrengast erhebt als erster das Glas. Ist SIE Singlegastgeberin, übernimmt SIE diese Aufgabe.
- Nicht mehr up-to-date sind bei offiziellen Anlässen folgende Floskeln: »Prosit«, »Prost«, auch ein: »Zum Wohl«, »Wohlsein« ist in manchen Runden schon zu-

viel. Statt dessen: »Lassen Sie uns den Wein probieren«, »Auf einen schönen Abend!«, etc.

- Ein Fremdkörper im Getränk? Das Korkstückchen nie mit den Fingern herausfischen, sondern mit einem (kleinen) unbenutzten Besteckteil. Bei einer Fliege bitte ich um ein frisches Glas.
- Eine Flasche egalwas nähert sich dem Ende – nie dem Gast den letzten Rest geben und sich selbst dann aus der neuen Flasche einschenken.
- Wenn benutzte Gläser abgeräumt werden, bitte nie *ins* Glas greifen.
- Keinen Alkohol aufdrängen!
  ➪ *Restaurant,* ➪ *Richtig Wein trinken*

Richtig Wein trinken

- Das Glas etwas füllen
- das Glas am Stiel halten (Winzer greifen auch nur den Fuß mit Daumen- und Zeigefinger, damit wirklich nichts Störendes ans Glas gelangt – bei Normal-Konsumierenden sieht das ziemlich affig aus)
- Farbe und Klarheit des Weines erst von oben begutachten
- das Glas fünf – sechsmal schwenken (wer's noch nicht freihändig kann, übt auf der Tischplatte)
- Dann gegen einen hellen Hintergrund halten, nochmals betrachten. Laufen nun am Innenrand des Glases Schlieren herunter, die »Kirchenfenster«, dann haben Sie einen Wein mit höherem natürlichen Glyzeringehalt vor sich – einen »schwereren« Wein
- Dann tief hineinriechen
- In kleinen Schlucken probieren, dabei den Wein mit der Zunge hin und herrollen (kauen). Wer gleichzeitig noch etwas Luft hineinzieht, intensiviert die Aroma- und Geruchsstoffe. Diese Schlürfgeräusche sind endlich mal erlaubt! (Bei Weinproben)
- Keine Sorge, ein guter Weinkellner wartet geduldig während dieser Prozedur
- Trinken wir einen besonders edlen Tropfen, gibt es für jede neue Flasche desselben Weins auch ein frisches Glas, in der Hoffnung, daß dies völlig geruchsneutral ist – ansonsten sollte besser aus dem schon benutzten, ganz geleerten Glas erneut verkostet werden, denn dies ist dann *weingrün*, d.h. sauber und geruchsfrei.
  ➪ *Dekantieren,* ➪*Gläser und ihre Handhabung*, ➪*Zuprosten*

Gäste und Wein

- Wein als *»Mitbringsel«*? Wein ist ein Konsumgut geworden, eine Flasche vom »Ordinären« zu verschenken, gilt heute als *nicht sehr einfallsreich*. Bei Besonderheiten ist die Freude sicher immer noch groß. Und Champagner ist, außer bei Antialkoholikern, stets willkommen.

- Wein ein *Statussymbol?* Nun, er ruht im Keller, man kann ihn nicht so leicht vorzeigen wie die *S-Klasse* vor der Haustür!
- *Mitgebrachten* Wein gleich anbieten? Nach dem (längeren) Transport braucht der empfindliche, strapazierte Rebensaft eigentlich eine mehrtägige Verschnaufspause – bei alten, ausgereiften Rotweinen sollte diese Regel auch unbedingt eingehalten werden. Problematischer ist jedoch die Temperatur – sie stimmt nach einem Transport in den seltensten Fällen. Wer vorsorgt, kann den Temperaturverfall umgehen. Einfach den zuvor gut temperierten Weißwein in eine Kühlbox legen oder in nasses Zeitungspapier wickeln.
- *Gütezeichen* bitte vom Glas abmachen.

- Soll man die Gläser vor den Gästen noch einmal *putzen?* Bei eingeladenen Gästen zeugt dies von schlechter Planung – beim Überraschungsbesuch ist dagegen nichts einzuwenden. Ein bißchen spießig wirkt es trotzdem. Besser ist gewiß, daran zu *riechen* und ein müffelndes Glas auszutauschen.
- »Welchen Wein trinken wir denn, darf ich 'mal sehen?« Diese Frage ist nicht zu neugierig, sondern zeugt von Interesse – der/die GastgeberIn freut sich und zeigt den sorgfältig ausgesuchten Tropfen – meistens auch ohne unsere Aufforderung. *Wieviele Flaschen* Wein muß ich für beispielsweise sechs Personen zum Abendessen rechnen? Mit vier Flaschen Weißwein und vier Flaschen Rotwein (wenn beides angeboten wird), weil man nie weiß, welche Sorte die Gäste bevorzugen.

➪ *Dekantieren*, ➪ *Einkauf*, ➪ *Temperatur*, ➪ *Wein und Speisen*

Weinkenner und Toleranz

Sind Weinkenner etwas schlichter eingeladen, ist überhebliches Getue völlig fehl am Platz! Sie bringen oft GastgeberInnen in Bedrängnis, indem sie den Weinfreak heraushängen lassen und altklug daherreden – mit gewichtiger Miene schnüffeln, kauen sie, um dann angewidert zurückzuschrecken! Gesellschaftsfähig ist was anderes! Klar gibt es Flops in der Flasche, aber heute trinke ich einen französichen Landwein in lieber Gesellschaft und morgen vielleicht einen Brunello di Montalcino. »Echte«

Weinkenner sind die, die entsetzt dreinschauen, wenn jemand auf der Weinverkostung sagt: »Der schmeckt mir aber jetzt«, ohne das ganze Winzer-Vokabular herrunterzubeten! (Ja, ja, der »feminine Abgang ...«)
Oder die, selbst zu Gast, einem anderen Gast schwungvoll den Rest aus der Flasche einschenken: »Weine von ALDI haben ja zum Glück kein Depot!«. Etwas mehr Toleranz, meine Herren! Jeder/jede lädt den Mitteln entsprechend ein – wer eklig sein will, soll zu Hause bleiben.

> Das Geräusch des Korkens erinnert mich an das Hochgehen des Vorhangs bei der Premiere, wenn nur Gott weiß, was uns da erwartet.
> Francois Mauriac

Dekantieren

Wenn etwas in Mode ist, wird es oft maßlos übertrieben. So auch das Dekantieren. Es soll Leute geben, die sogar ihr Mineralwasser dekantieren – nicht etwa, um es ansehnlich in der Karaffe auf den Tisch zu bringen!
Die *Dekantierung,* das Umfüllen des Rotweins in eine Glaskaraffe, etwa ein bis zwei Stunden vor dem Servieren (manche Experten raten: nicht früher als eine halbe Stunde) dient bei älteren Weinen (ab circa fünf Jahren) dazu, einen eventuell vorhandenen trüben Bodensatz, das *Depot*, in der Flasche zu lassen. Bei Weinen mit viel Gerbsäure, *Tannin*, verfestigt sich diese, um auf den Flaschenboden zu sinken. Dieser Niederschlag im Wein gilt als positives Zeichen (nun ist er reif) – nur im Glas möchten wir die braunen Flocken nicht haben. Auch mit einem Dekantierkörbchen, in dem die Flasche halbliegend ruht, ist es fast unmöglich, die aufwirbelnden Molekühle zurückzulassen.
Einen weiteren Grund fürs Dekantieren sehen viele Menschen darin, Rotweine mit Sauerstoff anzureichern, um das Bouquet zu restituieren (wiederherzustellen) und eine Verbesserung des Geschmacks zu erzeugen. Andere sagen, das sei pure Einbildung.

Wie auch immer, folgendes ist dabei zu beachten:

- Wenn Sie in einem Wein ein Depot sehen oder vermuten, sollte die Flasche etwa einen Tag senkrecht stehen oder im Körbchen liegen.
- Die Flasche vorsichtig und richtig entkorken, (der Inhalt darf beim Ausgießen nicht mit Resten der Metallkapsel in Berührung kommen – und die Flasche logischerweise so wenig wie möglich bewegen).
- Nur Helligkeit bringt das Depot ans Licht: also Kerze (stilvoll) oder Taschenlampe unter den Flaschenhals stellen und behutsam in einem Anlauf umgießen, bis das schwarze Sediment als dünner Strich sichtbar wird. Ab jetzt größte Vorsicht!
- Der Wein sollte wegen der Oxidierung großflächig an der Karaffeninnenseite herunterlaufen. Eine Dekantier*tülle* führt den Wein genau dorthin.
- Bei Rotweinen, die älter als zehn Jahre sind, und auch bei Weinen mit einer be-

stimmten Grundkonstitution ist Vorsicht geboten: zu frühes Dekantieren (wenn überhaupt) kann den Wein schal werden lassen.

- Weißweine dekantiert man nicht, sie werden viel zu schnell warm, außerdem lagert sich hier höchstens Weinstein ab, der dem Genuß nicht schadet und rasch auf den Boden sinkt oder von sich aus in der Flasche bleibt, falls man sie anständig behandelt.
- Weißwein *überhaupt nicht* in Karaffen auf den Tisch? Bei größeren, lockeren Runden erspart das sicher viel Arbeit, weil sich alle selbst bedienen können. Der Wein sollte dann aber einige Grade kälter sein.

Es war einmal ...

Champagner wurde erstmals vor 300 Jahren von Dom Perignon hergestellt, Mönch und Kellermeister einer Abtei bei Epernay (Champagne). Das neue Getränk galt als vom Teufel verdorben! So, wie wir ihn heute trinken, gibt es ihn erst seit 100 Jahren. Ursprünglich war er ein lieblicher Wein – der Restzuckergehalt sank mit dem sich wandelndem Geschmack bis auf 6g/l (Extra brut)

Champagner & Sekt sprudeln gleichermaßen, sind blaßgelb und duften nach Wein. Aber ein edler Chamgagner hat eine schönere Farbe, die Bläschen (Perlage) steigen feiner moussierend empor und halten sich angeblich im Glas bis zu einer Stunde. *Ich* konnte das noch nicht nachprüfen, weil der gute Tropfen jedesmal vorher ausgetrunken war! Das oft nussig-cremige Bouquet des Champagners breitet sich im ganzen Mund aus. Er kann mit seinem exellenten Geschmack auch gut während des ganzen Essens getrunken werden.

Die Normen für die Champagner-Herstellung sind streng – und daß Chamgagner nur aus der Chamgagne (le champagne) kommt und nur dann so heißen darf, ist hinlänglich bekannt. Dort wird er aus drei Rebsorten erzeugt: *Pinot Noir*, *Pinot Meunier* sowie *Chardonnay*.

Amerikaner nennen alles, was weinig moussiert, *Champagne*; das stiftet manchmal Verwirrung.

Champagner im fertigen Stadium gewinnt durch Lagerung nicht an Qualität. Er hält sich auch nicht über *viele* Jahre. Schaumweine mit Naturkorken werden stehend gelagert, weil der Korken bei liegender Flasche zu viel Feuchtigkeit aufnimmt und nicht mehr optimal schließt.

Der Flaschen-Kübel sollte mit Eiswürfeln *und* Wasser gefüllt werden, um ein gleichmäßiges Kühlen zu gewährleisten.

Schaumweinflaschen mit Naturkorken öffnen und kredenzen

- Trennbändchen (Abriß) abziehen
- Metall-Kapsel abheben
- Drahtkörbchen (-Agraffe) aufdrehen
- dabei einen Finger auf dem Korken lassen – es sind schon Flaschen nach hinten losgegangen!

- Ängstliche nehmen jetzt statt des Fingers ein Geschirrtuch
- Den Korken mit der Hand drehen, nicht umgekehrt
- Mit einem leichten »plopp« kommt er heraus, er schießt nicht an die Zimmerdekke!
- Sofort die Flasche etwas schräg halten, dann quillt der Schaum (mousse) nicht heraus.
- Zum Einschenken kann der Daumen in die Kuhle am Flaschenboden gelegt werden, die Flasche ruht auf den restlichen Fingerspitzen. Ebensogut kann die Flasche auch am unteren Teil gehalten werden. Der Griff um den Flaschenhals wirkt nicht sehr edel, verhindert jedoch am besten einen Temperaturanstieg durch die Wärme der Hand.
- Beim Genießen sind Auge, Ohr (hören Sie 'mal an der Perlage!), Nase und Zunge gefordert.

Bleibt etwas übrig, tut ein langstieliger *Metall-Löffel* gute Dienste. Der in die offene Flasche gehängte Wärmeleiter bewirkt (im Kühlschrank!), daß die warme Luft aus der Flasche entweicht, die Restluft abkühlt und die Kohlensäure sich wie eine Haube auf den Sekt setzt – die Luft kann so nicht mehr entweichen. Der langstielige *Silberlöffel* ist für diesen Zweck weniger geeignet – er bewirkt eine nichtgewollte chemische Verbindung mit der Kohlensäure.

Übrigens ...

Der Champagner-Pro-Kopf-Verbrauch ist in St. Tropez am höchsten. Wen wundert's?
Beim Champagner-Kauf sollte man sich vom Geschmack leiten lassen – es sei denn, Sie müssen zeigen, was Sie sich leisten können.

Wer Belästigung verursacht, muß sich entsprechend verhalten.

- Während des Essens wird nicht geraucht, falls NichtraucherInnen am Tisch sitzen – auch nicht zwischen den einzelnen Gängen,
- sondern nach dem Dessert, bei stundenlangen Essen frühestens vor dem Dessert, aber erst, wenn *wirklich* niemand mehr ißt.
- Auch dann sollte gefragt werden: »Stört es Sie, wenn ich rauche?« Nach einer ehrlichen Antwort: »Ja, es stört mich sehr« bricht niemand eine Diskussion über militante NichtraucherInnen vom Zaum, sondern befriedigt seine Sucht außerhalb des Raumes!

- Bei gesetzten Essen unter freiem Himmel gilt ebenfalls: lieber einmal zuviel fragen, als zuwenig. Ich empfinde Rauchen während andere noch essen *überall* als stillos – auch an einem Sommerabend weiß man nicht, wohin der Wind den Rauch trägt.
- Wenn Sie Zigarettenrauch nicht vertragen, bitten Sie den anderen, nicht zu rauchen, zum Beispiel in Ihrem Büro. »Würden Sie bitte hier nicht rauchen; ich vertrage keinen Rauch.«
- GastgeberInnen können zwar in ihren eigenen vier Wänden das Rauchen unterbinden, haben dann aber u.U. die RaucherInnen nicht mehr zu Gast. Ein Extraraum zum Rauchen bietet sich in diesem Fall an. Von den eingeladenen *Smokys* kann im Gegenzug auch Toleranz erwartet werden – vielleicht muß ja an diesem Abend mal nicht »Kette geraucht« werden!

- Die Regel, daß überall dort geraucht werden darf, wo Aschenbecher sind, tritt zumindest im Auto außer Kraft (serienmäßiger Einbau), siehe weiter unten.
- Wann Pfeife und wann nicht? Privat immer, wenn niemand Einspruch erhebt, bei manchen offiziellen Anlässen und im Flugzeug nicht.
- Wer Feuer anbietet, behält die eigene Zigarette nicht im Mund.
- Beim Feuergeben kann man heute sitzenblieben.
- Einer Frau gibt ein Mann Feuer, *ohne* seine Hand vor die Flamme zu halten, in der Hoffnung, das ihre Wange seine Hand streift!
- KettenraucherInnen müssen sich selber helfen – ihnen braucht nicht ständig Feuer angeboten zu werden.
- Die Feuerquelle wird so hoch gehalten, das sich der/die EmpfängerIn nicht hinunterbeugen muß.
- Zigarettenkippen bitte nicht auf dem (Kaffeetassen-) Unterteller ausdrücken.
- RaucherInnen gehen mit einer brennenden Zigarette, Zigarre, Pfeife nicht in ein Amt, ein Privathaus, ins Krankenhaus, in den Fahrstuhl, ins Wartezimmer. Auch nicht in ein Bürozimmer/eine andere Abteilung, wenn er/sie weiß, daß dort NikotinabstinenzlerInnen arbeiten. Sie achten »No Smoking« in Bahnhof, (U-) Bahn, Flugzeug, Hotel, Restaurant, Bank und Geschäft. Wohl selbstverständlich ist es, nicht in Kirchen, im sommerlichen Wald, an kulturellen Stätten zu paffen. (»Gastronomieführer für Nichtraucher«),
- Ein absolutes Tabu sind Kinderzimmer. Ungefragt wird auch nicht in fremden Autos geraucht, vor allem, wenn Kinder mitfahren. Den rauchenden Eltern sei hier gesagt, daß sie die Verantwortung für Wehrlose haben und mit dem Qualm Schädigungen bei ihren Kindern herbeiführen. (Eine Studie des Instituts für Epidemiologie des GSF-Forschungszentrums für Umwelt und Gesundheit in Freiburg fand heraus, daß passivrauchende Jugendliche und Kinder in Haushalten mit Rauchern öfter an Husten und Atemwegsinfekten leiden als Kinder in Nichtraucherhaushalten. In Dutzenden von anderen Studien ist das erhöhte Risiko von Krebs- und Herzkrankheiten durch Passivrauchen nachgewiesen worden.)
- Menschen mit allergischem Asthma müssen passen, wenn Hochzeiten und andere Feste anstehen.

Benimm-Antiquariat

Herren, welche rauchen, müssen die Toilette von Kopf bis Fuß wechseln, ehe sie Damen nahetreten. *Der gute Ton. 1885*
Meine Damen – wenn Sie eine Gesellschaft geben, dann vergessen Sie bitte nicht, daß für einen Raucher auch das schönste Mahl unvollkommen bleibt ohne das geliebte würzige Kraut. *Etikette neu. 1965*

Seit dem 15. Jahrhundert soll das Trinkgeldgeben gebräuchlich sein. Heute *tippen* wir. Der *Tip* ist eine Abkürzung für die ursprüngliche Formulierung: »To insure promptness« – um Schnelligkeit zu garantieren.
Was für einen Sinn hat es, Trinkgeld zu geben? Ist es: Bestechung (ich erwarte einen schnellen Service), Entgelt, Vorteilbeschaffung, Spende, erkaufen wir eine Gunst damit (Das nächste Mal bekomme ich aber einen besseren Tisch)? Es ist von Situation zu Situation verschieden – vor allem aber ein *Dankeschön,* und auf jeden Fall ein freiwilliger Obulus. Wir drücken damit unsere Zufriedenheit aus, würdigen gute Dienste. Wer sich schlecht bedient fühlt, gibt kein Trinkgeld. Dann hart zu bleiben, erfordert Charakter. Strategisch eingesetzt, kann es einiges bewirken.

Trinkgeld stilvoll zu geben, ist eine kleine Kunst: nicht zu gönnerhaft, aber großherzig und unauffällig – wer mit den Scheinen wedelt, ist gleich untendurch! Mit welchen verbindlichen Worten kann der Tip überreicht werden? »Danke für den guten Service« ist Standard. Trinkgeld ist *auch* Vertrauenssache: wer bekommt es? Im Restaurant kann man ruhig sagen, wer es haben soll – der Service, der Sommelier, die Küche ...
In allen deutschen Trinkgeld-Berufen werden Tariflöhne bezahlt, in denen fünzehn Prozent Trinkgeld enthalten sind. Feste Regeln für den zusätzlichen Tip gibt es nicht, wohl aber Faustregeln. Nach Ansicht der TringeldempfängerInnen sind Deutsche im Verhältnis zu anderen Nationen knauserig.

Wer bekommt Trinkgeld und wieviel?

Richtwerte

- Auf Reisen (als Langzeitgast) schon mal im voraus oder in Etappen Trinkgeld geben, um sich einen aufmerksamen Service »zu sichern«. Das heißt, für den/die:
- *Doorman:* zehn bis zwanzig Mark, einmalig,
- *Page,* der die Koffer aus dem Auto holt: eine Mark pro Gepäckstück,
- *Wagenmeister*: zehn bis zwanzig Mark, einmalig oder öfter, je nach Dauer des Aufenthalts,

- *Hoteldiener:* zwei Mark pro Gepäckstück,
- *Portier*, bei Problemlösung: zehn bis fünfzig Mark,
- *Hausdame* des Hotels: erwartet nur ein »Dankeschön«, bei Sonderwünschen: ca. zehn Mark,
- *Zimmermädchen*: zwei bis fünf Mark pro Tag,
- *Restaurant-Service:* zehn Prozent des Rechnungsbetrages,
- *BademeisterIn*: je nach Arbeitsaufwand und Entgegenkommen,
- *Barkeeper:* fünfzehn Prozent der Summe,
- *Pianisten* in der Bar: nach Belieben.

- Beim *Hotelpersonal* haben die MitarbeiterInnen am *front desk* (Rezeption) und z.B. unsichtbare Angestellte, wie Köche und Telefonistinnen oft das Nachsehen – auch hier kann sich natürlich erkenntlich zeigen, wer ihre Dienste regelmäßig in Anspruch nimmt,
- In oft besuchten Business-Restaurants kann man einen *Firmen-Fond* einrichten, tronque = franz. für Trinkgeld-Sammeltopf,
- Bei Großveranstaltungen mit viel Personal ist das Tippen manchmal ein Problem (freundliches, engagiertes oder unfreundliches Personal); geschlossener Umschlag an den/die Dienstälteste im Service,
- Immer vorausgesetzt, Sie geben Trinkgeld, sind im *Restaurant* zehn Prozent des Rechnungsbetrages üblich. Guter Service wird nie mit Trinkgeld-Entzug für schlechte Küche bestraft! Die Garderoben- und die Toilettenfrau bitte nicht vergessen,
- Bezahlen mit *Kreditkarte:* das Trinkgeld in bar hinzufügen. Der Gesetzgeber wünscht: Geschäftsleute sollen ihre Bewirtungsspesen und die Trinkgelder zusammen ausweisen und vom Ober quittieren lassen.
- In Anwesenheit von Gästen werden Rechnungen eigentlich nicht am Tisch bezahlt – falls es dezent geht, ist es möglich. Ansonsten erledigt man das am Tresen/ Desk. Als Gast kann man dem Zahlenden evtl. eine peinliche Situation ersparen, indem man mal kurz *verschwindet!*
- *Business-Clubs* bewirten bargeldlos – das Firmenkonto wird direkt belastet.
- In guten *Diskotheken* freuen sich Garderobenfrau/Diskjockey über eine Kleinigkeit.
- *TaxifahrerInnen* (zehn Prozent) und *Kofferträger* (fester Satz) rechnen damit, wenn sie hilfsbereit waren.
- *Schiffspersonal* bekommt Trinkgeld. Auf manchen Kreuzfahrtschiffen sind die Preise schon inclusiv,
- Möbelpacker, Schornsteinfeger, Handwerker, sowie Blumenlieferanten bekommen gerne einen »Tip«; ebenso der Postbote/Zeitungszustelldienst, die Müllabfuhr, der Hausmeister (den Umschlag zu Weihnachten oder zum Jahreswechsel). Und natürlich unsere »gute Fee«, die das Haus in Ordnung hält, ➪ *GastgeberInnen*
- Nach dem Krankenhausaufenthalt kann man den *Schwestern* eine kleine Freude in Form von Geld für die »Kaffee-Kasse« machen, ebensogut mit einem (zusätzlichen) kleinen Geschenk für die symphatischste von ihnen, (natürlich bekommen Ärztin und Arzt keinen Tip).

- Kein Trinkgeld auch an: *Stewardess/Steward im Flugzeug* und den *Zugschaffner/-BegleiterInnen*, sie sind eher GastgeberIn als Bedienungs-Personal. Wobei hier oft die Realität die graue Theorie ablöst: Zugbegleiter im ICE nehmen anstandslos Trinkgeld für das Servieren eines Kaffees mit der Begründung, daß ihr *Job* schwieriger sei, als der eines Kellners!
- Niemals an die *InhaberInnen* gastronomischer Betriebe und von Friseur-/Kosmetiksalons. (Die meisten Chefinnen und Chefs erkennt man an der *privateren Kleidung*). Über ein »Dankeschön« für ihren zuvorkommenden Service freuen sie sich natürlich auch – wie wär's mit einem kleinen Geschenk zu den Feiertagen oder mit einem hübschen Mitbringsel aus dem Urlaub?

Vergessen, Trinkgeld zu geben? Nicht so schlimm, wenn's im Hotel passiert: am nächsten Tag persönlich oder (im Umschlag) nachreichen.
Wir können uns auch noch anders dankbar zeigen: z.B. eine persönliche Weinachtskarte an alle schicken, die das Jahr über für uns da waren.
Und: ein Lächeln – der kürzeste Weg zwischen zwei Menschen!

Übrigens ...

Für den Auslandsaufenthalt sollte man sich vorher genauestens nach den »Tip-Sitten« erkundigen. Reiseführer geben Auskunft, aber auch Hotel-Portiers und Geschäftspartner am Ort nennen die üblichen Geflogenheiten. In anderen Ländern werden manchmal Dienstleistungen angeboten, die wir nicht kennen, aber dann schätzen lernen, z.B. werden Sie in den Staaten nach einer Fahrt im *Pullman* (Zug) vom *porter* abgebürstet – dafür bekommt er einen Dollar.

Ob Tagung, Konferenz, Seminar, Städtereise oder Urlaub – das Hotel, das dem jeweiligen Anlaß entspricht, findet sich bestimmt. Egal, welchen Standard oder Standort Sie wählen, hier sind einige Tips, um Ihren Aufenthalt so angenehm wie möglich zu machen.

- Fragen Sie schon bei der Reservierung nach Sondertarifen (auch nach dem billigsten!) und Spezialarrangements, dann *nochmals* am Tag Ihrer Ankunft, vielleicht haben sich die Sätze geändert.
- Fragen Sie nach dem Zimmer, in dem Sie sich das letzte Mal so wohl gefühlt haben.
- Sagen Sie dem Hotel, mit welcher Kreditkarte Sie zahlen, z.B.: Eurocard, American Express, Visa, und geben Sie die Nummer an.
- Für Firmen gibt es meistens Sonderpreise/Rabatte *(corporate rate),* gekoppelt an eine bestimmte Mindestabnahme von Übernachtungen, auch: *local company rate.*
- Melden Sie schon bei der Zimmer-Reservierung besondere Wünsche an: Nichtraucher-Etage, speziell eingerichtetes Zimmer für Frauen (mit Schminkspiegel, leistungsstarkem Fön ...), Art des Bettes (*french bed* = überbreites Bett, *grand lit, king size*), Beschaffenheit der Matratze, Übergröße in der Länge, Anti-Allergie-Bettzeug oder ein Allergiker-Zimmer, große Flaschen Mineralwasser im Zimmer, Fax/Modemanschluß, Fön, mobiles Telefon, Balkon ... (falls Sie ein Hotel öfter besuchen, sind Ihre Wünsche und Bedürfnisse sicher gespeichert).
- Erkundigen Sie sich nach einem Büro- und Babysitter-Service, sowie nach dem Angebot an weiteren Serviceleistungen (Schuhputzdienst, Aufbügelmöglichkeit ...).
- Möchten Sie die Check-out-Zeit ändern? Sprechen Sie mit den MitarbeiterInnen der Rezeption/*counter* – in modernen Hotels sind die Zimmerschlüssel programmiert, Sie kämen also nicht mehr in Ihr Zimmer, wenn Sie nicht verlängert haben.
- Ist das Frühstück im Preis enthalten?
- Namen des/der Gesprächspartner(s)/in notieren.
- Reservierung mit allen Extra-Punkten *schriftlich* bestätigen lassen!
- Rechtzeitig anzukommen ist in den meisten Hotels absolut erforderlich (durchweg bis 18.00 Uhr), sonst anrufen und die spätere Ankunftszeit mitteilen. Wer sich gar nicht blicken läßt, wird als *no-show* (nicht abgemeldeter Gast) u.U. mit mehr als zwanzig Prozent Gebühr zur Kasse gebeten. Ist dem Hotel die Kreditkarten-Nummer bekannt, bekommen Sie Ihr Zimmer garantiert.
- Beim Einchecken prüfen Sie die Zusage der Sonderwünsche/Preise an der Rezeption.

- Der Hausdiener hat Ihr Gepäck ins Zimmer gebracht und dessen Besonderheiten erklärt. Sie sollten jetzt kontrollieren, ob alles funktioniert, ob alle Details wie bestellt vorhanden sind – in einem Hotelzimmer gibt es circa sechzig bis siebzig bewegliche Gegenstände, wie leicht kann da vom Zimmermädchen mal etwas vergessen worden sein. Gibt es Reklamationen, leitet der Hausdiener sie an die Rezeption weiter. Sind gravierende Mängel festzustellen, beziehen Sie bitte das Zimmer *nicht* und verlangen ein anderes!
- Kleinigkeiten werden gleich bei der Hausdame reklamiert.
- Ein befreundeter Manager, der sein halbes Leben in Hotels verbrachte, riet mir, mich unter keinen Umständen mit einem Zimmer neben dem Fahrstuhl oder dem Service-Raum zufrieden zu geben – alles, was ruhestörend ist, geht von den Türen *ohne* Nummern aus! Sie hatten vielleicht auch schon einmal ein Zimmer über der *Küche* oder *Disco* und ärgerten sich über den Lärm?!
- Reisen Sie auch morgens in der Hauptbetriebszeit ab? Lange Wartezeiten an der Rezeption sind dann wahrscheinlich. Viele Hotels arbeiten mit dem zeitsparenden *view-billing* über den zimmereigenen Fernseher – ebensogut ordern Sie die Rechnung schon abends, sie wird Ihnen unter der Tür durchgeschoben.
- In großen, internationalen Hotels wird der Gast auch beim Frühstück an seinen Platz geführt.
- Falls schon absehbar, bestellen Sie frühzeitig einen Platz im Restaurant und melden Ihre Sonderwünsche schon beim Einchecken an (ruhige Ecke ...).
- Den Platz an der Bar kann man auch vorbestellen.

Speziell für Frauen

Machen Sie sich im Hotel auf besondere (angenehme) Art bemerkbar – seien Sie nicht einfach nur Zimmernummer zweihundertneunzehn. Haben Sie vor, den Tag ohne Begleitung in der Hotelbar ausklingen zu lassen? Nehmen Sie frühzeitig Kontakt zum Barkeeper/Barchef auf – das ist eine gute Vorbeugend gegen evtl. Belästigungen/Anmache am Abend.

Ärgerlich: Bei einer Umfrage von American Express beklagen achtundvierzig Prozent der Karrierefrauen auf Reisen ignoriert oder unfreundlich behandelt zu werden. (Cosmopolitan 3/96). Jede zehnte Frau wurde schon einmal sexuell belästigt – häufig in Hotelbars oder in der Lobby. Fazit: jede fünfte Frau haßt das Alleinreisen.

Auch die Gäste machen einen ersten Eindruck!

- Begegnen wir anderen Gästen auf dem Korridor oder im Schwimmbad, ist auch im Hotel ist ein ordentliches Grußverhalten angebracht.
- Nie und nimmer würden wir die Minibar austrinken und mit Wasser auffüllen!
- Auch keine Gegenstände einpacken, die uns nicht gehören (im Zimmerpreis sind sie *bestimmt* nicht enthalten!).

- Bei Schwierigkeiten bleiben wir gelassen! Müssen wir uns doch einmal beklagen, dann wenden wir uns an die zuständige Stelle – möglichst gleich an die höchste Instanz: den Chefportier, die Hausdame, den Maître, Wirtschaftsdirektor oder Direktor. Schieben Sie die Beschwerde, so unangenehm sie auch ist, nicht auf die lange Bank. Wie im Restaurant, gilt auch im Hotel: nur der potentielle Stammgast beklagt sich – alle anderen kommen einfach nicht wieder! Hoteliers und Gastronomen räumen gerne Pannen aus, meistens erfahren sie jedoch gar nichts davon.
- Selbstverschuldete Schäden im Hotel-Zimmer werden sobald wie möglich der Hausdame oder am *front desk* (Rezeption) gemeldet.

Im Hotel wünscht sich der Gast:

- mehr Zusatzinformationen, z.B. über Veranstaltungen am Aufenthaltsort
- Türspione und Sicherheitsketten
- ausführliche Hinweise über die Extras im Hotelzimmer: Wo sitzt der Hauptschalter? Wie werden die Rolläden betätigt? Lassen sich die Fenster öffnen? Wie läßt sich Kopf- und Fußende des Bettes verstellen? Wie funktioniert die Klimaanlage? Wer nimmt telefonisch Wünsche entgegen? Wie funktionieren Fernseher, Videorecorder, Wecker ...?
- unkomplizierte Benutzung von Sauna, Schwimmbad und Fitnesscenter, auch *vor* sowie *nach* dem Meeting um 6.00 Uhr bzw. 20.00 Uhr
- ein Sofa im Zimmer, damit man nicht auf dem Bett sitzen muß
- einen Safe im Raum
- eine wattstarke, schwenkbare Leselampe
- genug Abstellfläche im Bad
- Bademäntel und Waschlappen
- ausreichend Toilettenpapier
- einen leistungsstarker Fön in Spiegelnähe
- entkalkte Duschköpfe (manche Reisende haben immer ein Mittel zum Entkalken im Gepäck) und Handbrause
- genügend *richtige* Kleiderbügel, auch Hosenbügel/Rockbügel, damit ein Kleidungsstück zum Lüften gehängt werden kann
- Balkons mit Kleiderhaken
- Bügeleisen (nicht nur Bügler für Männerhosen)
- saube Ecken und Schränke
- einen *großen* Spiegel sowie einen Schminkspiegel
- funktionierende Beleuchtungen, Schalter, die vom Bett aus zu betätigen sind
- Insektenspray, je nach Lage des Hotels und Jahreszeit
- einen ersten Kaffee oder Tee morgens ans Bett gebracht, oder wie in Großbritannien, den USA und anderswo: eine Kaffeemaschine im Hotelzimmer
- Roomservice für ein Frühstück, das aussieht, als hätte man es selbst am Buffet zusammengestellt! Alles frisch, heiß oder kalt und appetitlich
- große Mineralwasser-Flaschen statt der Winzlinge aus der Minibar
- einen ordentlichen Zimmer-Service: Wer nach langen Geschäftsterminen spät eintrifft, möchte manchmal nur noch alles von sich werfen und trotzdem gut essen!

- das Angebot, abends mit anderen Alleinreisenden an einem Tisch zu speisen. Eine Idee aus den USA, die sich in Deutschland nur langsam durchsetzt
- daß männliche Gäste und das Personal endlich begreifen: Frauen, die abends ohne Begleitung in der Hotelbar sitzen, keine Prostituierten sind.

Speziell für Männer

Tatort: hoteleigener Frühstücksraum

Zwei Jungdynamiker betreten grußlos die Szene, einer noch in Badelatschen, die den Blick auf schlechtgepflegte Füße freigeben. Beide streben zielsicher zur Saftbar. Aha, Nachdurst: zwei Gläser im Stehen hinuntergegossen, das dritte an den Tisch getragen. Dazu häufen sie alles auf den Teller, was so ein unschuldiger kleiner Frühstücksteller überhaupt fassen kann: Wurst, Käse, Marmelade, Majonaisenfisch, Rührei, Butter und Brötchen.

In der Raucherecke fallen die beiden auf die Stühle: »Zweimal Kaffee – bringen Sie auch die Zeitung mit, Fräulein!« Nach hastigem Essen und schlürfendem Trinken wird sofort geraucht – und es war zu ahnen – das Handy gezückt, um die ersten Kontakte am Morgen herzustellen. *No comment!*

So werden Sie eine gelasseneGastgeberin
So werden Sie ein umsichtiger Gastgeber

Am liebsten ist man/frau ja wohl Gast. Beim Gastsein hält sich der Aufwand in Grenzen: eine Einladung dankend annehmen und sich darauf freuen, ein entsprechendes, kleines Gastgeschenk aussuchen, sich ansehnlich zurechtmachen, mit guter Laune auftauchen und ein/e liebenswerte(r) Mitspieler/in sein. Mehr muß man nicht beisteuern. (Über die Auszeichnung, Gast zu sein, mehr unter: *So sind Sie ein gern gesehener Gast.)*

Bin ich privat eingeladen, weiß ich ja oft schon, was mich in etwa erwartet. Die Freundin kocht hinreißend italienisch, der nahestehende schreibende Junggeselle segelt beharrlich auf jeder neuen Spezalitäten-Welle und weiß immer, was *trendy* ist (gerade ist Japan *in*, davor waren Nudeln chic, dazwischen das einfache Leben), die lieben Freunde aus Mainz sind berüchtigt für ihre deftigen Küchengelage. Das alles hat so etwas Verläßliches. Ich wäre sicher enttäuscht, wenn es bei den drei Beispiel-Gastgebern nächstes mal ganz anders sein würde.

Im Gegensatz zu mir, sehen die Einladenden ihr Bewirtungskonzept ungleich kritischer: »Mir ist das langsam peinlich, immer setze ich Euch dasselbe vor, ich bin so eingefahren mit meinem Konzept!« Und vergessen dabei, daß ich »Dasselbe« ja selten bekomme und, was noch wichtiger ist: »dasselbe« wurde im Laufe der Zeit perfektioniert und schmeckt wirklich toll!

Heute aber wollen immer weniger Menschen Gastgeber sein. Woran liegt das? Gründe (Ausreden?) gibt es viele, und sie hören sich relativ logisch an: »Das ist so teuer und nimmt so viel Zeit in Anspruch – mein Besteck/Geschirr reicht nicht aus – der Platz in meiner Wohnung sowieso nicht – ich habe Angst, den Ansprüchen nicht zu genügen (im Vergleich mit der Einladung bei »Frau Perfekt«) – lauter nachvollziehbare Argumente.

Mit den folgenden Tips und Checklisten zur streßfreien Bewirtung möchte ich versuchen, diesen Ängsten entgegenzuwirken, denn eine Einladung nach Hause ersetzt nie und nimmer einen Restaurantbesuch (dort gibt's zwar Perfektion, dafür aber auch Neutralität).

Erinnern wir Älteren uns einmal zurück: erinnern wir uns an die Partys, als wir jung waren. Die spontanen waren die schönsten – kein ewiges Geputze vorher, sondern ein Rundruf: »Bitte ein Dessert mitbringen, für alles andere ist gesorgt«. Klar waren wir genügsamer – aber auch furchtloser; eigentlich hatten wir mehr Selbstbewußtsein, weil wir mit unseresgleichen zusammen waren. Nirgends sah es bedeutend anders aus. Damals haben wir langsam begonnen, Gastgeberin und Gastgeber zu sein, nichts war krampfig. Und das wirkte sich auch wohltuend auf die Gäste aus. Das Erbsilber blieb verschämt im Schrank – man wollte ja nicht protzen, die Gespräche und der Spaß aneinander waren das Wichtigste.

Neun gute Gründe, Gäste zu haben.

Die Vorteile für die Gastgeber liegen auf der Hand:

- Ich lade ein, wen ich möchte – habe also die »Kontrolle« über meine Gäste und halte die Fäden fest in der Hand
- So knüpfe ich neue Kontakte, gewinne evtl. neue Freunde
- Ich bringe interessante Menschen zusammen
- Ich »versöhne« mich mit Andersdenkenden; Feindseligkeiten werden beseitigt, Kompromisse eingegangen ...
- Ich verbünde mich mit Menschen
- Ich überwinde die Einsamkeit
- In schwierigen Zeiten kann ich so Freunden beistehen (ein gutes Essen wirkt oft Wunder)
- Abschlüsse und Arrangements werden mit einem Mahl besiegelt
- Gastlichkeit hat Tradition.

Was kann *gegen* eine Bewirtung zu Hause sprechen?

- Die Argumente von weiter oben: fehlendes Know-how
- Angst vor Kritik
- Beschränkte Möglichkeiten, auch in finanzieller Hinsicht
- Befürchtungen, daß die Erwartungen sich mit jeder Einladung steigern (was stimmen kann, aber nicht muß)
- Zeitmangel
- Pflegebedürftige Personen im Haushalt.

Oberster Grundsatz bei allen gastlichen Angelegenheiten ist die Planung. Nur nichts als selbstverständlich voraussetzen!

Sobald Sie mit Personal oder befreundeten Hilfen arbeiten, Party-Service oder Mietkoch engagieren, wirkt Ihr beständiges Nachfragen, Erläutern und Kontrollieren zwar nervig, garantiert aber einen reibungslosen Verlauf Ihrer Veranstaltung (auch hier macht natürlich der Ton die Musik).
Wie leicht kann es bei der Vorbereitung zu Mißverständnissen kommen. Sie bestellen mundgerechte Canapés (»Auf-einmal-in-den-Mund-Happen«) – und der Partyservice liefert handgroße Apparate mit Rinde, einer dicken Scheibe rohem Schinken und einem Maiskölbchen nebst Zahnstocher obenauf! So *relativ* sind manchmal Aussagen.
WiederholungstäterInnen können ein Lied davon singen – darum verlassen Sie sich auf nichts; es sei denn, Sie sind in der glücklichen Lage, ein wirklich eingespieltes Team zu »besitzen«.

➪ *Konzepte für streßfreies Bewirten,* ➪ *Catern,* ➪ *Rent a cook*

Alles beginnt mit der Planung

Der Anlaß der Einladung steht fest – gebeten werden soll

- auf ein Glas am Abend, vielleicht vor einem gemeinsamen Theaterbesuch oder danach
- zu einem zwanglosen Umtrunk am Abend mit »Schnittchen«
- zu einem Fernsehabend, einem Skatspiel, zu einer Wahlparty, einem Klön/Verwöhn-Abend unter Freundinnen
- zum Cocktail als Party/Empfang, (Dauer: circa zwei Stunden), oder zum zeitlich und kulinarisch ausgedehnten Cocktail *prolongé*
- zu einem Abend-Empfang nach z.B. einer Vernissage
- zu einem festlichen Dinner/Dîner/Bankett mit fester Tischordnung
- zum Buffet mit eingedeckten Tischen, (Dauer: vier bis fünf Stunden)
- zu einem gemütlichen, gesetzten Essen
- zum Barbecue/Grill-Fest, anderen Gartenfesten und Picknicks
- zu Tee oder Kaffee am Nachmittag, (Aufbruch nach circa eineinhalb Stunden)
- zum Kindergeburtstag/Familienfest
- zum Mittagessen, (zwei bis drei Stunden)
- zur Büroparty anläßlich eines Geburtstags, eines Jubiläums, einer Beförderung
- zum Brunch (Breakfast & Lunch)
- zum Sektempfang/Sektfrühstück

(Weitere Möglichkeiten der Nahrungsaufnahme bei: ➪ Konzepte für streßfreies Bewirten.)

Gästeliste erstellen

Wen lade ich überhaupt ein? Faustregel: je größer die Inszenierung, desto bunter kann auch die Gästeliste aussehen. Eine gute Mischung sichert den Erfolg. Am wohlsten fühlen sich sicher alle, wenn Personen mit ähnlichem Background zusammentreffen (Bildung, Lebensart ...). Dann muß man die Gespräche nicht bei Adam und Eva anfangen! Jemand favorisiert z.B. einen harmonischen Schlemmabend in kleinem Kreis – er/sie wird diesmal den Protzesser nicht ins Haus lassen. Auch alle anderen Besserwisser, zerstrittenen Personen, politischen Gegner, just geschiedenen Paare, Leute, die gern einen über den Durst trinken und »Fach-Idioten« mit nur *einem* Thema sprengen kleine Veranstaltungen. (Wirkliche Freunde sind mir mit all ihren »Macken« willkommen, und große Familienfeiern, bei denen dann *alle* beisammen sind, haben oft Kabarett-Charakter!)
Das Gleichgewicht der Geschlechter spielt heute bei Einladungen eine untergeordnete Rolle.

Bestandsaufnahme machen:

Reicht der Platz? Danach richtet sich die Anzahl der Gäste.
Je nach Einladung (z.B. Cocktail, Empfang) muß dafür gesorgt werden, daß die Gäste sich frei bewegen können. Das heißt, daß wahrscheinlich Möbel anderweitig un-

tergebracht werden müssen. Wer den Nachbarn die Couchgarnitur nicht unterjubeln kann (und sie dafür einlädt), auch nicht über Keller und Dachboden verfügt, kann einen Möbelwagen mieten. Kläffende Hunde und nervöse Katzen können nicht nur nerven, sondern auch Allergien bei prädestinierten Gästen auslösen. Kinder nehmen es ohne reizvolles Ersatzangebot oft sehr übel, »ausgelagert« zu werden.

Reichen Geschirr/Besteck?

Als Faustregel gilt natürlich, daß pro Gast und Drink bzw. Gang ein Besteck, Glas, Teller vorhanden ist, dazu Serviette, evtl. Set. Wird zwischendurch abgewaschen, kann die Gläser-/Tellerzahl verringert werden. »Zweckentfremdungen« von z.B. Wassergläsern für Bier oder von Untertellern jeglicher Art sind gut möglich.
Im Laufe der Jahre sammeln sich die unterschiedlichsten Geschirre an – oft die Ergebnisse von Urlaubs-Spontikäufen. Wer neben dem Potpourri auch noch eine weiße Porzellan-Basis besitzt, ist gut dran. Jetzt kann gemixt werden! Die Anzahl der Schüsseln, Vorlegebestecke und Platten richtet sich nach der Art der Veranstaltung – wohl kaum jemand hat zu Hause genug Servierplatten für einen Fünfzig-Personen-Empfang mit Häppchen.
Kleine Schalen kann man auch nie genug haben: für Dips, Knabbereien, und als *Fingerbowlen* (Fingerwasch-Schalen mit Extraservietten auf dem Tisch). ➪ *Requisiten bei Tisch*

Welche Requisiten muß ich sonst noch parat haben?

Tischdecken mit weichen, rutschfesten *Unterlagen* (z.B. Molton). Die Unterlagen verhindern, daß die Tischplatte leidet, Gläser und andere Utensilien »hart« aufgesetzt werden. Hat die Tischdecke vom Liegen unschöne Kniffe, wird sie direkt auf dem Tisch gebügelt. *Weißer Damast* gilt zwar immer noch als klassisch, aber *Farbe* ist bei Jung und Alt sehr beliebt und setzt wunderbare Akzente, also Mut zur Farbe! Schöne Tische sehen auch ganz ohne »Verkleidung« ansprechend aus. Eine bodenlange Decke verschafft Buffets Opulenz. Buffets, in der Küche aufgebaut, haben einen rustikaleren Charakter – ich »verpacke« zu diesem Zweck meine halbe Küche mit großen Tüchern (*Christo* hätte seine Freude).
Die *Blumendekoration* auf dem Eßtisch teilt ihn aufgrund ihrer Höhe *nicht* in »verschiedene Lager.« Blumen, Kerzen und andere Arrangements (natürlich farblich passend) sollten die Sicht auf die »MitesserInnen« nicht verbauen; 15 cm Höhe sind ideal (Sichtprobe!). Alles, was den Geruch der Speisen beeinträchtigt, sollte vermieden werden, also auch *Duftkerzen*. Kerzen werden für Gäste abends immer frisch angezündet, das zeugt von Großzügigkeit und verhindert meistens einen Kerzenwechsel. Mittags sind brennende Kerzen nicht üblich, es sei denn für's Geburtstagskind.
Mit *Gewürzen* auf dem Tisch habe ich so meine Schwierigkeiten. Fein abgeschmeckt, müssen meine Gerichte *genau so* verspeist werden. Nun sitzen an meinem Tisch selten Menschen, die einfach würzen, ohne zu probieren, aber es kommt vor, daß Angehörige anderer Nationen auch andere Gewohnheiten haben und durchaus (kräftig) nachwürzen. Das heißt, daß hin und wieder *Salz- und Pfeffermühlen* bei mir anzutreffen sind. Und frische Kräuter zum Selbstnehmen je nach Speiseangebot.

Benimm-Antiquariat

Messerbänkchen sind nur *out*, weil ihre Funktion *out* ist. Heute hat fast jeder Haushalt genug Besteck, um für mehrere Gänge einzudecken. Der Hausherr verteilt auch nicht mehr wie früher den Braten, außer vielleicht die Weihnachtsgans (wohin sollten Messer & Gabel während des Telleranreichens?). Das Besteck berührt heute eigentlich nur noch in unbeflecktem Zustand das Tischtuch, als Ablage *während des Essens* sind Messerbänkchen deshalb ungeeignet. Die schönen Erbstücke *können* natürlich eine Tafel zieren – aber da sie dann rechts eingesetzt werden, kollidieren sie evtl. mit den Gläsern. In exklusiven Restaurants sind Messerbänkchen manchmal zu Beginn des Essens noch eingedeckt und werden im Verlauf mit abgeräumt.

Platzteller sollen einem Gast (nach alter Regel) das Gefühl geben, nicht vor einem leeren Platz zu sitzen. Kann großzügig eingedeckt werden (mit mehr als sechzig Zentimeter pro Gedeck bei *normal breiten* Personen), runden Platzteller das Bild gut ab, sind aber kein Muß. Es gibt sie in allen Varianten im Handel, auch passend zum jeweiligen Geschirr. Kleine Anmerkung zu silbernen Platztellern und älteren Tischgästen: Sitzen sie zwischen den Gängen vor ihrem »Platzhalter«, kommt die Beleuchtung von oben und reflektiert im Teller, dann sieht frau/mann aus wie dem Gruselkabinett entstiegen. Abhilfe schafft da auch das kleine »Klapperdeckchen« nicht, das den Platzteller zieren sollte, um unangenehme Geräusche während des Schneidens und beim Tellerwechsel zu vermeiden. ➪ *Servieren*

Bei kleinen Essen leistet der Servierwagen oder ein großes Tablett auf »Böcken« wertvolle Hilfe; hier stehen griffbereit Wein- und Wasserflaschen, Teller für den nächsten Gang ...

So, um unsere Ausstattung zu komplettieren, brauchen wir noch ein *Mocca-Geschirr* für den Kaffee nach dem Essen. Oder soll es lieber Tee sein? *Rechauds* (mit Teelichten) oder sich elektrisch aufheizende Warmhalte-Platten sind praktisch und eigentlich unentbehrlich im Haushalt.

Servietten aus Stoff (fünfzig mal fünfzig Zentimeter) sind für das stilvolle, gesetzte Essen unabdingbar. Wer Schwierigkeiten mit dem Falten von Servietten hat (dafür gibt es einschlägige Bücher!) oder aus hygienischen Gründen auf Kunstwerke verzichtet, legt sie als Dreieck/Viereck auf den Platzteller oder links neben das Besteck; ob zusammen mit einem Brötchen oder auch in das Glas gesteckt – der Platz für die Serviette bleibt weitgehend Ihrer Fantasie überlassen. Für die Tee- oder Kaffee-Einladung eignet sich die kleine Variante, fünfundzwanzig auf fünfundzwanzig Zentimeter. Die großen *Zellstoffservietten* finde ich sehr sperrig. Für den Schoß sind sie in Ordnung; will man sie aber nach der Mahlzeit locker zusammengeschlagen ablegen, springen sie meistens wieder auf. Papierservietten werden manchmal als Farbtupfer mit in die Stoffserviette eingefaltet oder sind als Zusatzserviette bei fettigen/tropfenden Gerichten, die mit der Hand gegessen werden können (Meeresgetier, Obst ...), praktisch. Beim *richtigen* Krebsessen deckt man besser gleich alles in Rot ein!
➪ *Gedeck*, ➪ *Serviette*

Profi-*Flaschenkühler* muß man nicht *unbedingt* besitzen – bei vielen Gästen sommers im Freien lassen sich alle hübschen, großen Gefäße zweckentfremden, wie überdimensionale Suppenterrinen, Zinnwannen und Blumenübertöpfe. Wer wenig Abstellfläche um den Eßtisch herum hat, ist mit einem Metallbügel samt *Eiskübel* gut bedient, den man an den Tisch haken kann. So kühlt der Champagner/Sekt in Reichweite. Dicke Serviette bereitlegen – es tropft.

Wohin mit der Garderobe?

Das Bett im Schlafzimmer als wühlintensive Ablage zu verfremden, halte ich für keine so gute Idee. Bei größeren Gesellschaften lohnt es sich, einen Garderobenständer zu mieten oder zu kaufen (im Versandhandel ab vierzig Mark), falls Sie nicht im Besitz eines großen Wäscheständers sind, der mit seiner Querstange auch gute Dienste leistet. Sicher findet sich für ihn eine Stelle im »Windschatten« des Geschehens. Genügend Kleiderbügel muß man natürlich parat haben. Nasse Mäntel und Jacken kriegen im Bad über der Dusche oder Wanne einen würdigen Platz. Apropos Regenwetter: ein alter Läufer am Eingang fängt die schlimmsten Spuren schon mal auf. Manche Besucher haben Überschuhe an oder bringen Wechselschuhe mit – auch darauf sollte man vorbereitet sein.
Die *Gästetoilette* wird oft vernachlässigt. Hier sollte neben ausreichend Toilettenpapier noch parat liegen: kleine Gästehandtücher (bei vielen Personen auch zusätzlich Papierhandtücher) sowie ein Korb für die gebrauchten Handtücher, Seife, Hygienemittel, Papiertaschentücher, ein neutraler Duft, ein frischgewaschener Kamm, evtl. Haarspray. Ein kleines Sortiment an Aspirin und Alka Selzer ist nicht falsch.

Was muß sonst noch beachtet werden?

Bei Empfängen und anderen »Steh«-Einladungen ist die *Abstellfläche für Gläser* immens wichtig. Vorher wird alles, was umgestoßen werden könnte, beiseite geräumt. Um die kostbaren Möbel zu schützen, sollten kleine *Servietten* oder papierene Glasuntersetzer verteilt werden, Stapel der kleinen Party-Servietten sollten in ausreichender Menge hier und da gut sichtbar deponiert werden, um Mißgeschicke schnell in den Griff zu bekommen.
Teller fallen ja beim Reichen von wirklich mundgerechten Canapés (Happen) nicht an. Sollten Sie gemixte Drinks mit Einlage, z.B. Dry Martini mit Olive, anbieten, ist ein Kern zu »entsorgen« (KennerInnen geben keine grüne Olive *ohne* Kern bei). Ein Tellerchen muß also mitgereicht werden, auch für Strohhalme, Sticks und ähnliches. Wer seine Gäste liebt, mietet Stehtische an.
Für *betagte* oder *kranke* Gäste sind bei »ungesetzten« Festlichkeiten trotzdem einige *Sitzgelegenheiten* vorgesehen, die zwar zuerst an der Wand stehen, aber von Fall zu Fall auch ins Geschehen gerückt werden, denn sonst fühlt sich der Mensch, der darauf Platz nimmt, unter Umständen ausgeschlossen. Überhaupt wird alten Menschen auch rund um die Einladung (in ja oft fremder Umgebung) eine besondere Aufmerksamkeit zuteil. Junge Leute können sich meist nicht so gut in die schwächere Konstitution hineinversetzen: Fahrdienste sind zu organisieren, Ausruhmöglichkeiten zu schaffen, auf spezielle Diäten muß eingegangen werden.

Bei allen Veranstaltungen, bei denen die Gäste nicht gleichzeitig essen, muß deshalb auch nicht für jeden ein Eßplatz vorhanden sein. Junge Leute balancieren mühelos ihren Teller auch einmal auf den Knien, älteren Personen sollte serviert werden.
Kinder sind in einen Extraraum mit Spiel- und Bastelmöglichkeiten (und je nach Alter auch Betreuung) zeitweise »aus den Füßen«. Achtung: Filzstifte, der Computer und alles Zerbrechliche kommen außer Reichweite! Ein kindgerechtes Speiseangebot ist bei kleinen Kindern sinnvoll. ➪ *Kinder am Tisch*

> *Übrigens...*
>
> In jeder Altersstufe läßt sich bei Kindern der Geschmackssinn sensibilisieren; es gibt Eltern, die sich selber mit Misoxer-Schinken verwöhnen, für die »Kids« aber nur den billigsten aus dem Supermarkt-Regal bereithalten. Argument: Kinder bekommen den Unterschied noch gar nicht mit. Sie bekommen! ➪ *Kinder am Tisch*

Ganz wichtig finde ich die *Beleuchtung.* Wie schon bei den Platztellern erwähnt, kann eine helle Lichtquelle von oben viel verderben! Die Lampen sollten dimmbar sein, Kerzen (viele!) haben einen festlichen Charakter. Bei Stehpartys sind Kerzen nicht praktisch – außerdem muß hier das Licht auch nicht lauschig sein.
Musik. Nonstop beschallte Restaurants sind mir ein Greuel. Genauso schlimm ist eine permanente Berieselung im Privathaushalt während des Essens – noch dazu mit einer eigenwilligen Musikrichtung!
Rückenfreundliche *Sitzgelegenheiten* tragen sehr zum Gelingen der Einladung bei. Stühle mit Armlehnen lassen Menschen lockerer sitzen. Hohe Rückenlehnen könne bei Tisch den Service außerordentlich behindern.
Die *Raumtemperatur* muß regulierbar sein – viele Menschen erzeugen viel Wärme; daher schon frühzeitig die Heizung ausdrehen. Im Sommer bei dreißig Grad ohne Klimaanlage im Smoking auf einem Empfang? Da helfen nur Kühlakkus in den Innentaschen!

Die Hausbar

Wohl die wenigsten Menschen verfügen über eine feste Hausbar. Gemeint ist diese per Knopfdruck aus der Wand herausfahrbare à la »Die oberen Zehntausend«. Wer »zu Drinks« eingeladen hat, baut sie deshalb auf. Auf Tisch, Rollwagen oder Tablett – je nach Anzahl der zu verwöhnenden Gäste.
Profi-Barkeeper machen genauso wie GastgeberInnen und Servicekräfte ein »mise en place« (Bereitstellen). Mixer sichten also ihr Barset – eine Grundausstattung ist gar nicht so teuer. Dazu gehören:

- *Shaker* – zum schnellen, gründlichen Mischen von Likören, Sirupen und Säften zusammen mit einigen Eiswürfeln. Die Getränke aus dem Mixbecher werden leicht trüb und durch das Eis etwas verdünnt.
- *Mixglas* – zum Zubereiten von gerührten, nicht trüben Drinks, mit tadelloser Konzentration

- *Meßglas* – um die Zutaten präzise und nicht »ungefähr« zu dosieren
- *Barsieb* (Strainer) – mit dieser elastischen Chromstahl-Spirale läßt sich der Drink optimal abgießen.
- *Löffel* mit Stiel – lang genug für Longdrink-Gläser
- *Eiszange* oder Löffel – um das Eis »handlos« zu befördern
- *Eisgefäß* – witzig sind Eis-Crusher für Splittereis, circa einhundert Mark, aber nur für den Hausgebrauch! Genug Eiswürfel vorbereiten, am einfachsten in speziellen Plastiksäckchen (Mineralwasser nehmen), nach dem Auslösen im isolierten Eiswürfelbehälter aufbewahren
- *Brett mit Sägemesser* für Früchte, auch Kugelausstecher oder Zestenreißer für hübsche Dekorationen
- Limonen für »Lemon Bitter«, Zitronen, Orangen (alles ungespritzt), eingelegte, grüne Oliven, natürlich ohne Öl und »Innereien« (wie Paprika, Mandel, Sardelle) – dafür mit Kern
- Diverse Flaschenöffner (leichteste Handhabung!), Strohhalme, Zahnstocher/Cocktailspieße, kleine Servietten
- *Gläser:*
  Whisky-Tumbler, stämmig, kurz, dicker Boden, ein »on the rocks« Glas, 15 – 20 cl Inhalt,
  Cocktailglas, konische Glasschale auf nicht so hohem Stiel, 6 – 10 cl,
  Longdrinkglas, hoch, schmal, 30 cl,
  Champagner/Sektglas, 10 cl, *Champagner-Cocktail-Glas,* 10 – 15 cl,
  Sherry- und *Weißwein-gläser* runden das Sortiment ab. Bei nichtgesetzten Einladungen biete ich aus egoistischen Gründen keinen Rotwein an (Flecke).
- *Liköre* und *Sirupe* können, müssen aber nicht sein. Angostura, Tabasco und evtl. Zucker/Salz für »vereiste« Glasränder.
- *Tonic, Soda/Wasser* müssen sein, ebenso ein, zwei Säfte für AbstinenzlerInnen, evtl. Tomatensaft.
- An Getränken stehen außerdem *gekühlt* bereit: Champagner, Sekt oder Prosecco, Weißwein, Bier, Mineralwasser und Saft (auch ungekühlt für Empfindliche), Ginger Ale, Cola.
- Dazu Hochprozentiges: Gin, franz. Vermouth, ital. Martini, Campari, Scotch Whisky/Bourbon Whiskey.
- Hochprozentiges: Gin, Schnäpse, Whisky werden *nicht* gekühlt gelagert, außer vielleicht Wodka.
  ➪ *Apéritif*, ➪ *Gläser*, ➪ *Rauchen*, ➪ *Wein*

Übrigens...

Manche klassischen Cocktails schmecken auf der ganzen Welt gleich – ein Zeichen für gute (Hotel-) Bars. Profis befürchten das Aussterben der Barkultur, denn Nepp- und Billigbars zerstören den Ruf.

Es ist angerichtet

Speiseempfehlungen würden dieses Buch sprengen, dafür gibt es Kochbücher und Partyempfehlungen mit phantastischen Tips en masse. Ich möchte nur auf einige Punkte rund um's Kulinarische eingehen.
Auch hier gilt wieder: machen wir es unseren Gästen leicht.
Lassen wir sie vor allem nicht zu lange auf das Essen warten!

- *Steh-Einladungen* oder *Apéritifs* beinhalten meistens ein kleines, feines Speiseangebot auf (herumgereichten) Platten. Von der Hand in den Mund. Dazu gehören hübsch dekorierte, *winzige!!!* Häppchen, mühelos mit Daumen und Zeigefinger zu greifen und mit einem Bissen zu genießen, z.B. Canapés, Cracker, Croûtons, Toasts, aufgeschnittene Nuß-, Zwiebel- oder Sesamstangen.

Relativ schwer selber herzustellen sind mit Aspik überzogene Mini-Medaillons – aber vom Party-Service fachgerecht zubereitet, sehen sie stundenlang appetitlich frisch aus. Dazu bunte Käse-Spieße oder -Bällchen, Hackfleischkugeln, Rohgemüse mit Dips, winzige Blinis mit Kaviar und anderen edlen Belagen.
Das Herstellen des »fingerfood«, sagen wir mal für 40 Personen, dauert mit drei HobbyköchInnen einen halben Tag. Dazu kommen die Einkauferei, der »Verschnitt« – und außerdem ist dann oft kein Platz für die fertigen Platten. Profis liefern die Köstlichkeiten meistens gar nicht *so* viel teurer an.

> *Übrigens...*
>
> Bei gesetzten Essen wird mit 500 g Eßbarem pro Person gerechnet, bei Buffets mit 700 g, fünf Canapés sind beim Cocktail ausreichend.

- Zusätzlich (oder nur) werden gerne Knabbereien angeboten. Geeignet sind Mandeln, Walnüsse, Kartoffelchips oder Käsegebäck; falls Sie Wein offerieren, sollten Erdnüsse fehlen, denn sie beeinträchtigen das Aroma des Weins. Oliven passen gut zu Sherry oder Martini.
- *Knabbereien nach dem Essen:* hier ist eigentlich nur Käsegebäck zu empfehlen.
- *Das kalte/warme Buffet*: Ideal am *kalten* Buffet ist die Vorbereitung – treffen die Gäste ein, haben wir bei guter Planung Zeit für sie. Ein vielfältiges Speise-Angebot ist aufgebaut. Egal ob elegant, rustikal oder mal ganz anders, so ein Buffet hat einen Anfang und ein Ende. Vorne stehen die Teller für's Defile, hinten das Besteck und die Servietten. Dazwischen findet alles Platz, was nicht nach einer Stunde zusammenfällt: Räucher- und eingelegte Fische, Anitipasti, Pasteten, Terrinen, Braten, Geflügel, Saucen/Marinaden, Gemüse mit Dips, Salate (bei Blattsalaten immer das Dressing extra reichen), Käse, Brotkorb, Butter und Dessert. Alle Gerichte bitte nicht zu eng anordnen, damit sich die Gäste gut bedienen können.

Die Platten, auf denen die Köstlichkeiten ruhen, werden in der Küche oftmals nachbestückt/umarrangiert – manchen Materialien sieht man das dann auch an! Holz- und Porzellanplatten eignen sich z.B. besser als Marmor und glänzende Metalle.
Das *warme* Buffet beinhaltet meistens auch ein kaltes Speiseangebot, nämlich Sala-

te, Entrées (Vor-/Zwischengerichte) sowie Käse und Desserts. Oft wird am warmen Buffet eine Hilfe eingesetzt, falls nicht, sollten die einzelnen Gerichte beschriftet sein, um unnötiges Rühren und Rätseln zu vermeiden.

> *Übrigens ...*
>
> Wie oft darf ich denn vom Buffet nehmen? Genau 83 mal! Im Ernst: Sind Sie zu einem Buffet eingeladen oder haben Sie dafür pauschal gezahlt, dann zeugt es *auch* von Ihrer guten Kinderstube, wenn Sie sich als FeinschmeckerIn jeden Gang einzeln auf einem *frischen Teller* holen. Andernfalls haben Sie die Symphonie von Matjesfilet, Schinkenröllchen, Roquefort und Himbeersoße, dekoriert mit Melonenkugeln, Minze und Nüssen auf dem Teller! Da ich die oben beschriebene Einzelgangweise praktiziere, werde ich hin und wieder gefragt, ob ich auf Diät sei! Wenn Sie Menschen kennenlernen wollen, laden Sie sie zu einem Buffet ein!

Das Speiseangebot bei *gesetzten Essen* ist optimal kreiert, wenn sich Konsistenz, Farbe und Geschmacksrichtungen abwechseln bzw. ergänzen. Ähnlich wie beim Wein läßt sich als Richtschnur sagen, daß mild gewürzte Gerichte vor kräftigeren serviert werden, alles Leichte vor Deftigerem kommt und salzig vor süß. Helle und dunkle Gerichte wechseln sich genauso ab, wie Gekochtes und Gebratenes. Außerdem sollte farblich variiert werden, damit keine Langeweile aufkommt.
Bei Weinen mit hoher Restsüße kann durch eine Suppe für eine »Geschmackspause« vor dem nächsten Gang und Wein gesorgt werden. Denn zur Suppe gibt es keinen neuen Wein.

Nach dem Essen

Wenn es die Räumlichkeiten zulassen, wird der Kaffee/Mokka anschließend nicht am Tisch eingenommen, sondern in einem separaten Raum. Auch Terrasse und Garten sind im Sommer natürlich ideal.
Die Gastgeberin kann den Kaffee eigenhändig einschenken, auch wenn vorher Personal geholfen hat. Bei großen Runden versorgt sich jede/jeder selbst. Jetzt ist auch die Zeit für den Digestif und die Tabakwaren gekommen. Will man es ganz stilvoll machen, wird alles (getrennt) auf Silbertabletts angeboten.

> *Übrigens ...*
>
> Kaffee vermehrt die Harnbildung und schwemmt auch wertvolle Spurenelemente aus dem Körper – er entwässert. Südländer trinken darum zum Kaffee immer ein Glas Wasser.

➪ *Apéritif*, ➪ *Digestif*

GastgeberInnen mit Lebensart

- begrüßen die Gäste am Eingang (jedenfalls zu Beginn)
- machen alle miteinander bekannt, soweit das nicht den Rahmen sprengt
- sind fürsorglich, indem sie den männlichen Gästen bei entsprechenden Temperaturen ein schnelles Ablegen der Sakkos anbieten, denn sie wissen, welchen Knitterlook Oberhemden nach einigen Tragestunden annehmen! Herren lassen sich beim Ablegen nicht vom Gastgeber oder der Gastgeberin helfen, außer sie sind sehr alt, zittrig, haben den Arm gebrochen etc.
- kümmern sich um jeden Gast gleichwertig – gucken, daß alle zu ihrem Recht kommen
- bringen Gespräche in Gang, kümmern sich um Schüchterne
- schützen den Gast vor eventuellen *Taktlosigkeiten* anderer,
- sind bestrebt um das Wohl der Gäste, haben den Service im Auge oder bieten selber an
- lassen sich bei offiziellen Essen auch verwöhnen – sie servieren selbst *nicht*
- bieten immer auch *Nichtalkoholisches* an und schenken niemals nach, ohne zu fragen
- stapeln beim Abräumen *nicht* die Teller am Tisch, sondern gehen mit zwei Tellern in die Küche

Bei *privaten Tanzveranstaltungen* (geschlossene Veranstaltungen, bei denen man sich zumindest am Tisch kennt, z.B. Silvester), tanzt der Herr zuerst mit der »eigenen« Dame, dann mit der Gastgeberin, (bis zum nächsten Tanzvergnügen hat er sich seinen »Hausstil« abgewöhnt), dann mit allen Tanzwilligen reihum. Wohl jeder Herr fordert heute die Dame direkt auf und fragt den Begleiter nicht mehr um Erlaubnis.
»Damen geben keine Körbe« steht in allen älteren Benimm-Büchern. Allenfalls, wenn sie den betreffenden Tanz nicht tanzen wollen oder schon »versprochen« sind. Alles klar, meine Damen?
Beim öffentlichen Ball gibt es keine Pflichttänze mehr, weil die Anzahl der tanzfaulen Männer steigt und es für die Frauen eine Zumutung wäre, tatenlos herumzusitzen.
Der Gastgeber bevorzugt keine Dame, er tanzt mit allen, (aha, wieder Pflichttänze!?)

Fahruntüchtige Gäste – wie weit geht da die Führsorge? Schlüssel wegnehmen, Taxi rufen? Ich plädiere für den mündigen Gast und sehe es gerne, wenn er/sie sich *vorher* Gedanken macht und mit dem Taxi ankommt oder andere Absprachen trifft. Ungern möchte ich in die Rolle der Aufpasserin gebracht werden!

Das Gästebuch

Manche Menschen möchten schreiend flüchten, wenn sie sich im Gästebuch verewigen sollen, andere machen das mit links und möglichst im alkoholisierten Zustand. Beidesmal kommt nicht viel dabei heraus. Darum machen Sie es Ihren Gästen leicht:

- Niemand sollte zum Eintrag gezwungen werden
- Meitens genügt die Unterschrift und das Datum
- *Ein* Schreibgerät wegen des einheitlichen Schriftbildes dazulegen (an einer Kordel befestigen – es wird gerne in Gedanken eingesteckt!). Filzstifte sollte man unbedingt vermeiden – sie drücken durch – und das sieht scheußlich aus!

Die schriftliche Einladung

- Ist die Gästeliste komplett und auf dem neuesten Stand? Inclusiv der korrekten Anrede und der Titel der Gäste?
- Die Ehrengäste/besonders wichtige Personen werden zuerst eingeladen.
- eine Drei bis Sechswochenfrist für private Veranstaltungen (Spontanfeiern natürlich ausgenommen) ist bei den heutigen vollen Terminkalendern nicht allzu weit gegriffen. Offizielle Veranstaltungen liegen bei einer Einladungsdauer von fünf bis sechs Monaten.
- Eine Rückantwortkarte ist bei offiziellen Einladungen üblich. Falls auf dieser eine Telefonnummer angegeben wird, kann auch telefonisch geantwortet werden.
- Es wird heute schriftlich (auch handschriftlich mit Füllfederhalter), telefonisch und per Fax eingeladen, je nach Stil der Veranstaltung, wobei (vorgedruckte) Briefkarten oder Briefe aus edlem Papier immer noch am formvollendetsten für besonders feierliche Anlässe sind. Adreßaufkleber haben hier nichts zu suchen.
- Wer schon telefonisch bei den wichtigsten Gästen den Termin vorgefühlt hat, verschickt die Einladungskarte mit dem Vermerk »p.m.« auf der linken unteren Ecke (»pour mémoire«, oder »z. E.« »zur Erinnerung«)
- Aus der Einladung muß ersichtlich sein:
  wer einlädt
  Ort, Datum und Uhrzeit(en)
  die Art der Veranstaltung
  Kleiderwünsche
  bis wann die Antwort vorliegen soll (»U.A.w.g.« – »Um Antwort wird gebeten«)
  für wen und für wieviele Personen die Einladung gilt, am besten: »Die Einladung gilt für zwei Personen«, dann kann mitgebracht werden, wer will, und niemand tritt als »Begleitung« auf.

  Manchmal ist auf Einladungen noch der Hinweis »s.t.« – sine tempore – auf die Minute pünktlich und »c.t.« – cum tempore – das »akademische Viertel« zu finden. Letzteres kann 15 Minuten oder bis zu einer Stunde »Gleitzeit« bedeuten. Folgenden Vermerk auf einer Einladung finde ich sehr angenehm: »um 19.30 für 20.00 Uhr« oder »20.00 Uhr Drinks, 20.30 Essen«. Dann weiß ich, welche Spanne für den Apéritif eingeplant ist – bin ich also in Zeitdruck und schaffe meinen Drink auch in 15 Minuten, komme ich eine Viertelstunde vor »Startschuß« auch noch rechtzeitig.

  Außerdem sollte auf das *Speiseangebot* hingewiesen werden (oder werden nur Drinks offeriert?). Müssen *Besucher übernachten,* ist zumindest der Ort/Telefon sowie die evtl. Kostenübernahme vermerkt, professioneller schickt man einen

Hotelprospekt/Stadtplan zu und verspricht einen Lotsendienst vom Flughafen oder Bahnhof. Bitte unbedingt vorher klären: werden neben den Hotelkosten auch die Extras von den Gastgebern übernommen? Böse finanzielle Überraschungen gab es schon bei der Bar-, Minibar- und Telefonabrechnung!

- Für auswärtige Gäste ist oft eine Anfahrtskizze mit Parkmöglichkeit unverzichtbar.
- Muß ich kurz vor der Veranstaltung nochmals telefonisch an den Termin erinnern? Bei privaten Einladungen gehe ich davon aus, daß meine Gäste gerne kommen und das Datum auch gleich notiert haben – aber Wunder gibt es immer wieder! Meinem vielbeschäftigten Ehrengast (oder dessen Sekretariat) rufe ich den Termin nochmals in Gedächtnis.
- Zehn bis zwanzig Prozent »Gästeschwund« kurz vor Beginn sollte einkalkuliert werden.

Von pünktlichen Leuten und »Hockern«

- Klare Absprachen erleichtern nicht nur dem Gast die Planung – falls zum Nachmittagskaffee eingeladen wird, sollte dies auch klipp und klar ausgedrückt werden, also auch auf das *Ende* hingewiesen werden. Niemand bleibt dann bis zum Abendessen, nach dem Motto: Die Hausfrau wird's schon richten! In manchen deutschen Landteilen ist diese Unsitte des »einfach Bleibens« stärker ausgeprägt als in anderen. Seßhaft gewordenen Gästen muß manchmal sehr deutlich der Getränkehahn zugedreht werden. Ausdauernde »Hocker« kann man (manchmal) damit bekehren, immun gegen eine solche Behandlung ist oft die Verwandtschaft. »Also, meine Lieben, das Fest ist jetzt zu Ende!« Übernachtungsgäste werden gleich zu Beginn ihres Besuchs über die besonderen Eigenarten und den Zeitplan ihrer Gastfamilie aufgeklärt: das Bad ist morgens von dann bis dann besetzt, Frühstück gibt es um sieben Uhr dreißig...
- *Unpünktlichkeit gilt als Unhöflichkeit und Rücksichtslosigkeit*- gutes Benehmen ist, an andere zu denken! Verkehrsstaus, unbekannte Wegstrecken und Abfahrtzeiten von Bahn und Bus müssen einkalkuliert werden.
- *Zu Empfängen*, Cocktails und anderen großen Veranstaltungen ist pünktliches Erscheinen meist nicht notwendig, oft auch nicht gewünscht (der »Gästefluß« soll fließen). Hier darf *auch mal* ein nicht geladener Gast mitgebracht werden – besser ist es natürlich, vorher die Gastgeber zu fragen.
- Großer »VIP-Auftritt« durch Zuspätkommen? Ganz out!
- Wer's nicht pünklich schafft, ruft an.
- Was macht mann/frau mit *überpünktlichen* Gästen? Nun, vor der Tür stehen lassen können wir sie nicht! Bei superguter Planung sind wir vielleicht schon zehn Minuten vor der Zeit mit allem fertig (das sind die Minuten, in denen wir durchatmen, uns im Spiegel anlächeln und uns selber toi, toi, toi wünschen!), dann sind ZufrühkommerInnen kein Problem. Andernfalls eine echte Herausforderung: ab mit ihnen ins Nebenzimmer, eine Illustrierte anbieten, ein Kind zur Gesellschaft hineinschicken oder den Partner. Ich selber habe, ehrlich gesagt, kein großes Erbarmen mit wirklichen Zufrühkommern, die mich noch in den »Schnellaufschu-

hen« antreffen und beim Zubereiten der Drinks stören. Wer selbst schon Gäste hatte, kommt nicht zu früh!

- Wer aus terminlichen Gründen sehr viel früher gehen muß, verdrückt sich nicht einfach, sondern sagt den Gastgebern Bescheid.
- Pünktlichkeit bei Tagungen, Meetings, Seminaren: pünkliche Teilnehmende werden nicht bestraft, indem auf Zeit-Chaoten gewartet wird.

➪ *Im Ausland zu Gast*, ➪ *Die schriftliche Einladung*

Übrigens ...

Die Unpünktlichkeit nimmt zu, Pünklichkeit verliert an Gewicht. Nur noch knapp die Hälfte der Bundesbürger schätzt Pünktlichkeit als eine Tugend, die andere Hälfte betrachtet Pünktlichkeit als zweitrangig und fühlt sich gar in ihrer persönlichen Freiheit eingeschränkt. Oft steckt hinter notorischem Zuspätkommen ein falsches Zeitmanagement – Unwichtiges kann nicht von Wichtigem getrennt werden, systematisch arbeiten fällt schwer. Pünkliche Menschen empfinden unpünkliche als gleichgültig und unverbindlich.

Gästedatei – Partybuch

Nicht nur Haustiere verursachen Allergien; Fischeiweiß, Industriezucker und Knoblauch, um einige Übeltäter zu nennen, können Hautausschläge und Schlimmeres auslösen. Darum ist es ratsam, bei Einladungen auch gleich die Speisefolge bekannt zu geben. Andererseits wird ein Gast, der seine Unverträglichkeiten kennt, sicher selber die Initiative ergreifen. Im *Partybuch* wird alles festgehalten, was für zukünftige Einladungen bedeutend sein kann. Die Gästerunde/Sitzordnung, Absagen, Gastgeschenke, die angebotenen Speisen und Getränke, Blumen, Dekoration und die Kleidung der Gastgeber – und ganz wichtig: eventuelle Pannen, denn aus ihnen kann nur gelernt werden!

➪ *Gäste im Unternehmen*

Servicepersonal

Wer Servicekräfte beschäftigen will oder muß (Miet-Butler gibt es in Großstädten), sollte sie am Ort des Geschehens früh genug »einweisen«, besonders, wenn es ungeübte Hilfen sind, wie befreundete Jugendliche oder der Studenten-Service. Sie müssen auch auf ein gepflegtes, einheitliches Äußere angesprochen werden: lange Haare zurückgebunden, Fingernägel frisch manikürt, evtl. appetitliche weiße Handschuhe. Ein höflicher Umgang mit den Gästen ist selbstverständlich. Wer nimmt die Garderobe ab, leert Aschenbecher, füllt Gläser, bietet von Platten an, räumt benutzte Teller weg ... muß neben den festen Arbeiten wie Mixen, Grillen, Servieren eingeteilt sein. Je nach Art der Festivität kann ein stimmiges Outfit auch witzig sein. Rustikal mit Holzfäller-Hemden und Krachledernden, analog zur Wohnfarbe oder klassisch in schwarz-weiß.

Das Leihpersonal erwartet bei guter Leistung Trinkgeld von den Gastgebern, vielleicht vom Ehrengast, evtl. von den Gästen.

Geschenke

- Bei großen Einladungen (z.B. Hochzeiten) ist es ratsam, eine Geschenkeliste anzulegen und sie an die Eingeladenen zu verteilen. Die Listen liegen oft auch praktischerweise gleich in den Geschäften aus (z.B. Haushaltsartikel) – dann kann abgestrichen werden, und es kommt nicht zu Doppelkäufen.
- Paare leben ja oft schon vor der Eheschließung zusammen; sie freuen sich auch über einen Scheck für den gemeinsamen Hausstand.
- Grundsätzlich gilt, daß das Geschenk der/dem Beschenkten gefallen muß; wer immer nur das schenkt, was er selber mag, kann daneben liegen. Einfühlungsvermögen ist gefragt. Nach Hobbys und Leidenschaften erkundigen.
- Wenn z.B. Politiker feiern oder sich ehren lassen, verzichten sie manchmal auf Geschenke zugunsten einer (sozialen) Einrichtung. Die Kontonummer für die Überweisung steht dann auf der Einladung.
- Selbstgefertigte Präsente erzeugen oftmals (versteckte) Lacher!
- Einer Gastgeberin schenkt ER niemals: ein Schmuckstück, ein Kleidungsstück (erst recht keine Dessous!), rote Rosen, wenn ER nicht ihr Ehemann ist (und in einem normalen Verhältnis zu ihr steht).
- Verwandte und gute Bekannte beweisen mit Krawatten, Socken, Allerweltskassetten und einfachen Schreibgeräten nicht viel Phantasie. Hingegen kann eine eigens zusammengestellte CD mit den Lieblings-Songs *der* Renner sein.
- Geschenke in unverhältnismäßig hohem Wert sind angeberisch.
- Billiggeschenke, deren Wert sofort erkennbar ist, beweisen das Gegenteil, nämlich nackten Geiz.
- Praktische Geschenke für den Haushalt können irritieren. Dagegen kommen die neuesten Hits der Edelfirmen oft gut an.
- Wohl niemand beglückt instinktlos einen Nichtraucher mit Aschenbecher oder Zigarren.
- Dagegen ist die Zeitung aus dem Geburtsjahr ein hübscher Gag.
- Mit Seifen, Duftwässern, Cremes und Deos sollte man *sehr* vorsichtig sein – hingegen wird Sie Ihre beste Freundin für einen Flacon ihres Lieblinsparfums herzen.
- Auch wenn sich in der Werbung harnäckig als Gastgeschenk für den Chef die »richtige« Flasche Cognac (Pralinen, Wein) hält – einfallsloser geht es nicht.
- Bücher bitte mit Umtauschgarantie verschenken, Schutzfolie dranlassen – manche denken sonst, es wäre schon gelesen, Quittung auf Anfrage aushändigen, eine Widmung nur hineinschreiben (falls überhaupt), wenn man sicher ist, daß das Buch »ankommt«.
- Von allen Geschenken die Preisschilder entfernen, keine Beleg- und Werbeexemplare verschenken, auch wenn der Firmenaufdruck sorgfältig abgekratzt wurde!
- Die Kinder der Gastgeber freuen sich über ein kleines Mitbringsel. Die Eltern freuen sich *nicht* über Kriegsspielzeug, giftige Stifte, laute Jahrmarkts-Tröten,

Knete und alles, was auslaufen kann (Seifenblasen im Winter). Süßigkeiten sollten zuerst von den Eltern »abgesegnet« werden (Milchallergie ...).

- Bei großen Einladungen muß jemand den Geschenketisch betreuen, manche Gäste vergessen, ein Kärtchen mit ihrem Namen beizulegen. Wie soll man später danken?

➪ *Wein und Gäste*

Blumen

- Bitte nicht zu Einladungen ins Restaurant mitbringen, niemand weiß, wohin damit. Als Ehrengast, zu Empfängen, zu Cocktailpartys sind Blumen nicht üblich.
- Zu Kondolenzbesuchen sind Blumen ganz unpassend, wie auch jedes andere Geschenk.
- Topfpflanzen nur für *die* Leute, bei denen sie hundertprozentig ankommen – sie brauchen Pflege, und nicht jede/r hat Zeit dafür.
- Blumen am Tag der Einladung ins Haus zu schicken, wirkt elegant, aber bitte keine riesigen Sträuße in klitzekleine Wohnungen.
- Das gleiche gilt für stark duftende Sträuße zu Essenseinladungen. Positiv am Vorabpräsent ist, daß die logistischen Vasenprobleme gelöst werden können.
- Verschiedene Sträuße haben ein Anrecht auf verschiedene Vasen (zumindest am Tag des Geschehens!).
- Die Farbe der Blumen kann auch eine Herausforderung für die Gastgeberin sein, die es genau nimmt: die Einrichtung schimmert in pastelligem Bleu – der knallrote Bauerngarten-Strauß setzt dann einen weniger aparten Akzent.
- Auch am Tag *nach* der Einladung sind Blumen willkommen – es trauen sich jedoch nicht viele Menschen, mit *leeren* Händen zu erscheinen.
- Lädt ein Paar ein, werden IHR die Blumen durch den Herrn bei der Begrüßung überreicht.
- Das Einwickelpapier wird vorher entfernt (vorsichtig nach oben abstreifen). Es findet seinen Platz *nicht* diskret im Vorgarten unter der Hortensie, *nicht* im Schirmständer oder in der Manteltasche. Meistens wird es gleich mit abgenommen, oder ein Behälter steht bereit – falls nicht, hat ein »hilfloses Gesicht« den besten Erfolg.
- Sträuße in durchsichtigen Folien können beim Überreichen eingepackt bleiben – aber aus Umweltgründen wollen wir diese Verpackungsart ja vermeiden. Wer im Winter dennoch mit Blumen in der Cellophan-Hülle durch die Gegend läuft, sollte beachten, daß die Blüten unter ihr sehr viel leichter den Erfrierungstod sterben als unter Papier.
- Auch männliche Blumenliebhaber freuen sich über eine Blütenpracht.
- Blumensträuße stehen bei offiziellen Veranstaltungen/Ehrungen bis zu ihrem »Auftritt« im Wasser und tropfen beim Überreichen tüchtig. Daher saugfähige Papiertücher bereitlegen, die Stengel gut abtrocknen.
- Bei Besuchen im Krankenhaus ist ein Zuviel an Duft und Größe ebenfalls nicht angebracht. Topfpflanzen müssen aufgrund möglicher Erreger im Erdreich draußen bleiben – im übrigen signalisieren sie dem Patienten: »Ein Blumentopf lohnt sich für Dich, Du bleibst ja noch ein Weilchen!«

Speziell für Männer

Ein Alptraum für jede Frau ist ein Strauß, der aussieht, als käme er aus dem Automaten oder aus dem Billigmarkt (von jeder botanischen Sorte ein Stengel!). Das schauspielerisches Talent, das für ein Dankeschön aufgebracht werden muß, ist eine Zumutung. Werden Sie ein disziplinierter Schenker: Im Blumengeschäft fällt dieses prächtige Bündel Anemonen ins Auge – kaufen Sie es! Ein Arm voll Tulpen? Wunderbar! Machen Sie einen großen Bogen um kleine Röschen (rosa!), Nelken, Trockenblumen, künstliche Gebinde und die Aufforderung an Ihre Sekretärin: »Frau Barns, besorgen Sie doch bitte einen Strauß, Sie wissen schon .....« Lassen Sie sich kein goldenes Glitzerspray, keine Wattebüschel und Stoffschleifchen aufschwatzen, die sehen nach Kindergeburtstag aus! Sie wollen doch nicht wieder diesen Blick ernten ...? Ich hab' Sie gewarnt.

Benimm-Antiquariat

Ungerade oder gerade Stengelzahl? Diese Frage kann heute getrost vergessen werden, der Strauß von heute ist ein Arrangement aus Gräsern, Zweigen und Blättern. Auch eine einzelne große Blüte sieht toll aus – und sie darf auch weiß sein, wenn man die Adressatin kennt. Früher galten weiße Blumen – Lilien, Astern, Calla und Chrysanthemen – als Friedhofsblumen. Heute sollte darauf bei betagten oder kranken Menschen immer noch Rücksicht genommen werden. Achtung auch im Ausland.

Bedanken

- »Wo hast Du denn *das* gefunden?« »So was habe ich ja noch *nie* gesehen!« sind Sätze, die jeden Schenker stutzig machen müßten, wenn er sie des öfteren zu hören bekommt.
- Geschenke sollte man im Beisein der/des Schenkenden gleich auspacken, wenn die Gästezahl das zuläßt.
- Bei größeren Veranstaltungen ist nach dem Essen ein guter Zeitpunkt; wird in den Geburtstag hineingefeiert, kann man nach der Gratulation um Mitternacht damit anfangen.
- Offizielle Feste lassen ein Auspacken nicht zu – gedankt wird danach schriftlich. Ein persönlicher, handschriftlicher Zusatz ist stilvoll. Gäste bedanken sich natürlich auch. Für die Einladung schon beim Eintreffen, beim Verabschieden noch einmal und am nächsten Tag in der Form der Einladung – schriftlich oder telefonisch.

Feiern außer Haus

- Räumlichkeiten zu *der* Zeit ansehen, zu der gefeiert werden soll (Lichtverhältnisse prüfen, Dimmen möglich? Temperatur regulierbar? Wie kann gelüftet werden?)
- Am Anfang eines Festes möchten die Menschen sich unterhalten, darum lieber die Band nicht gleich spielen lassen – besser ist etwas leisere Musik aus der »Konserve«.
- Sind alle Kabel fest verlegt – keine Stolpergefahr?
- Eventuell Fotografen bestellen
- Körbe für den Heimtransport der Geschenke mitbringen
- Vasen für Blumen bereitstellen
- An Eimer zum Abtransport der Blumen denken
- Bei Grillpartys, Sommerfesten etc. empfielt es sich, etliche wollene Tücher für spätere Stunden parat zu haben (viele Gäste denken weder *daran*, noch an Strümpfe, festere Schuhe bei plötzlichem Regen ...)
- Wespenzeit? Insekten auf dem Fleisch oder Dessert, fuchtelnde Menschen, Mükkenplage am Teich ... – aber einen Geburtstag im September kann man schlecht verlegen!
- Behälter für Essens-Reste parat haben (auch zum Mitgeben).

Übrigens ...

Nimmt die Perfektion Überhand? Sicher sind uns *die* Gastgeber die liebsten, denen auch mal etwas daneben geht.
Vielleicht nehmen deswegen die griechischen GastgeberInnen ihren Gästen die Furcht vor Flecken auf der Decke, indem sie zu Beginn des Essens selber den ersten Rotweinfleck produzieren.
⇨ *Ein faux pas? Na, und?*

So sind Sie ein gern gesehener Gast

Eine Einladung ist eine gegenseitige Abmachung auf Zeit.

- Die Einladung wird zur angegebenen Frist beantwortet, damit die Gastgeber kalkulieren können.
- Er/sie wartet mit der Zusage nicht bis kurz vorher, in der Hoffnung, daß noch eine interessantere Einladung ins Haus flattert!
- Die Zusage wird nicht von der Attraktivität der Gästeliste abhängig gemacht: »Sag mal, wer kommt denn noch?«
- Die Einladung sollte in der gleichen Form beantwortet werden, in der sie ausgesprochen wurde.
- Persönliche Einladungen werden *nicht* von der Sekretärin im Auftrag beantwortet.
- Eine Absage bitte plausibel begründen – kleine charmante Notlügen sind in gewissen Situationen erlaubt. (Hoffentlich liest das niemand!)
- Dies gilt immer noch: Wer dreimal hintereinander bei der gleichen Person absagen mußte, sollte schleunigst etwas unternehmen (Gegeneinladung!) denn sonst kann er/sie plötzlich vollkommen *out* sein.
- Bei Annahme einer Einladung auf eine mögliche Speiseunverträglichkeit *(Allergie)* aufmerksam machen. *Vegetarier* sollten sich vorher zu erkennen geben. Peinliche Situationen können entstehen, wenn plötzlich eine Omelette gezaubert werden muß!
- Auch (Tisch-) Reden werden angekündigt, falls die Veranstaltung einen offiziellen Charakter hat. Wer ungeplant eine Rede hält, bringt Küche und Service durcheinander.
- Bekleidungsvermerke auf Einladungen sind immer bindend. Die GastgeberInnen bestimmen den Rahmen. Wer unsicher ist, kann sich bei den Gastgebern, bei anderen Gästen oder im Sekretariat vorher erkundigen.
- Wer zum Essen geht oder eingeladen ist, sollte sich nicht zu stark *parfümieren.* Wein- und Essensdüfte können nicht mehr wahrgenommen werden – das ist eine Zumutung für andere Personen am Tisch.
- Ein korrekter Gast kommt nicht zu spät und nicht zu *früh!* (Notfalls im Auto sitzen bleiben, einmal um den Block laufen ...).
- Bei der Ankunft stöhnt niemand: »Bin ich kaputt, genervt heute...«
- Die Gastgeber werden zuerst begrüßt.
- Ungefragt werden keine Partner/Gäste mitgebracht (in Deutschland und zu den meisten Anlässen), auch unangemeldete Kinder und Hunde verursachen organisatorische Nöte.
- Der Gast schreitet nicht die Tafel ab und vertauscht heimlich die Tischkarten: »Himmel, was soll ich denn mit Tante Agathe reden?«

- Bei einer Einladung werden die Kalorien nicht gezählt – wer mal wieder auf Diät ist, bleibt besser zu Hause als den anderen das Essen zu vermiesen.
- Wer eingeladen ist, sollte nicht am Essen herummäkeln. Wer etwas nicht mag, nimmt von anderen Speisen einfach ein wenig mehr – niemand muß ungeliebte Speisen hinunterwürgen!
- Ein guter Gast lobt das Essen, denn er weiß, wieviel Mühe dahinter steckt.
- Auffällig unter Alkohol? Wie wirke ich beschwipst? – diese Frage kann man sich ruhig öfter stellen. Mit Alkohol als lokaler Selbstanästhesie ist die Form wohl kaum noch zu wahren!
- Im übrigen ist ein Gast liebenswürdig, gut gelaunt, nicht ständig Mittelpunkt und nicht Mauerblümchen, aufgeschlossen allem Neuen gegenüber, kann zuhören, meidet Tabuthemen wie: Politik, Religion, Kritik an den Gastgebern, am Essen und an den Gästen, ➪ *Small talk*
- Gastgeber, die gerade beschäftigt sind, weil z.B. viele Gäste gleichzeitig eintreffen oder sich verabschieden, bitte nicht in lange Gespräche verwickelt.
- Wann beginne ich mit dem Essen? Eine gute Faustregel ist: niemals erster zu sein – nicht beim Platznehmen, nicht beim Trinken, nicht beim Essen ...
- Der gewandte Gast fragt die Gastgeber und seine Tischnachbarn, bevor er sein Jackett ablegt.
- Ein guterzogener Gast stapelt nicht eigenhändig das Geschirr zusammen und verschwindet damit in der Küche. Kleine Handreichungen sind dagegen bestimmt stets willkommen. Überhaupt ist das Aufdrängen von Hilfe bei einer ausgeklügelten Veranstaltung lästig – warum können sich so wenige Menschen nicht einfach mal verwöhnen lassen und genießen?
- Trinkgeld für festangestelltes Hauspersonal: im geschlossenen Umschlag überreichen (den Personen selber oder der Gastgeberin zum Weiterleiten, circa 20 DM). Ein persönlicher Dank kommt immer gut an.
- Er/sie geht auch wieder! Faustregel: nicht vor dem Ehrengast, aber auch nicht sehr viel später (dreißig Minuten), auf jeden Fall, bevor die Gastgeber ermattet einschlafen!
- Bedankt sich hinterher schriftlich oder telefonisch.
- Der Ehrengast muß eigentlich kein Geschenk mitbringen – oft wird als Dankeschön ein Blumenstrauß nachträglich geschickt.

➪ *Geschenke,* ➪ *Kleidung,* ➪ *Pünktlichkeit,* ➪ *Restaurant,* ➪ *Small talk,* ➪ *Tischsitten*

Benimm-Antiquariat

Als versierter Gesellschafter müssen Sie versuchen, durch geschickte Fragen die Interessengebiete Ihrer Tischdame, Ihres Nachbarn zur Linken oder Ihres Gegenübers herauszufinden, so daß wohlmöglich eine Unterhaltung zu viert zustande kommt. Dann dürfen auch die Themen in Damengesellscheaft nicht zu wissenschaftlich sein.
Aus einem 1962 erschienenen Benimmbuch.

Gäste, besonders ausländische, im Unternehmen zu haben, erfordert Fingerspitzengefühl, vor allem auch bei der Bewirtung. Die Rolle des Gastgebers, aber auch die des Gastes, ist oft nicht ganz einfach. Wie gut, wenn man weiß, worauf es ankommt. Wird aber als oberster Grundsatz das Wohlbefinden der Gäste angesehen, so regelt sich die Frage zum Beispiel nach religiösen Eßgewohnheiten ganz von alleine.
Wo findet die beziehungspflegende Mahlzeit aber statt? Kantine, Restaurant oder Geschäftsbesuch zu Hause? Bewirtung in Eigenregie oder durch Catering? Bei festgefahrenen Besprechungen ist eine neue Umgebung oft hilfreich – also wechselt man von der Firma ruhig mal ins Restaurant. Wir alle haben das schon mal erlebt: Da möchte man besonders gut ankommen und reserviert am Abend für die amerikanischen Gäste einen Tisch im First-Class-Restaurant. Die zwangsweisen Oftesser möchten jedoch viel lieber in Jeans *(casual dressing)* eine urige, typisch deutsche »Kneipe« besuchen. Und rums – ist der Abend im Eimer!

BesucherInnen-Betreuung

Ich setze einmal voraus, daß Sie sich über die Interessenlage im klaren sind: Um welche Art von Besuch handelt es sich? Soll ein Rahmenprogramm stattfinden? Reisen Familienangehörige mit? Besteht die geschäftliche Beziehung schon länger? Besteht privater Kontakt? Wird nach Hause eingeladen?
Damit Veranstaltung und Rundumbetreuung klappen, sollten nachfolgende Punkte beachtet werden.

Vorab das Wichtigste als Checkliste

- Gibt es eine offizielle Begrüßung?
- Wer empfängt die Gäste?
- Hält jemand eine Rede? Wer bereitet diese vor?
- Bei mehreren Reden: sind diese aufeinander abgestimmt? Möchte der Ehrengast reden? Nicht alle wollen das.
- Werden Kopien der Reden angefertigt?
- Wer betreut eventuelle Ehrengäste und Angehörige?
- Wird ein Rahmenprogramm angeboten? Vom *Damenprogramm* wollen wir ja nicht mehr sprechen. Das unterschiedliche Zeitgefühl anderer Nationalitäten verlangt dem Veranstalter oft größtmögliche Flexibilität ab!
- Sind Hotelzimmer gebucht und mit einem Willkommensgruß versehen?
- Werden Dolmetscher gebraucht; Kopfhörer für Simultanübersetzungen?
- Erfolgt eine Übersetzung des Festaktes/der Reden in die Gebärdensprache?
- Wer organisiert das Essen?

- Ausgewähltes Menü für alle, à la carte oder Buffet?
- Erfolgten Tischreservationen?
- Wer nimmt aus dem Haus daran teil?
- Wer ist AnsprechpartnerIn wärend des Essens? Während des Festaktes etc.?
- Wo nimmt man den Apéritif ein? Separater Raum, Foyer ...
- Gibt es Sponsoren?
- Haben alle Teilnehmenden genug Informationen?
- Ist der Transport organisiert? (Blumen, Präsente, Wegweiser, Regenschirme ...?)
- Kann zumindest der Ehrengast ungehindert vorfahren?
- Fahrerbetreuung vorhanden?
- Ist an RollstuhlfahrerInnen gedacht?
- Sind Namensschilder, Podiumsschilder angefertigt worden?
- Tischfahnen zeugen vom Respekt für die eingeladene Nation, sind aber nicht *erforderlich.* Manche Unternehmen hissen vor dem Gebäude die Landesflaggen der BesucherInnen.
- Sind die Tische, an denen die Diskussions-TeilnehmerInnen sitzen mit speziellen, langen Tischdecken gedeckt. Der Blick auf die (unruhigen) Beine lenkt ab. Ein Podium, das im leichten Bogen angeordnet ist, macht es den Diskutanten einfacher, sich anzusehen. Stehen Getränke, Flaschenöffner und Servietten bereit?
- Ist jemand für die Moderation eingeteilt, um von einem Tagesordnungspunkt zum anderen überzuleiten?
- Ist die Rangfolge für die namentliche Begrüßung festgelegt und korrekt?
- Ist die Rangfolge bei der Plazierung korrekt? Keine Lücken im Bereich der Ehrengäste! Oder gibt es eine freie Platzwahl? Oder durch Los?
- Wurden Zutrittskarten ausgegeben? Wer kontrolliert?
- Ist ein Dank für die HelferInnen vorgesehen?
- Sind ReferentInnen zu betreuen?
- Sind technische Anlagen zu überprüfen (Höhe des RednerInnenpults, Beleuchtung, Getränk)?
- Sind musikalische Einlagen abzustimmen (Gema)?
- Ist die Garderobenannahme organisiert?
- Müssen evtl. Schließfächer aufgestellt werden?
- Sind genug Anschlüsse für technische Geräte vorhanden?
- Telefone? Bei Großveranstaltungen: Kopierer, Schreibbüro,
- Toilettenbetreuung, Abfallentsorgung
- Sind Dekorationen anzubringen? Blumenschmuck?
- Sind die MitarbeiterInnen der Presse eingeladen?
- Wer gibt Interviews? Ist ein Bandmitschnitt vorgesehen?
- Fotograf?
- Ist die Sicherheit aller gewährleistet? (Feuerwehr, Polizei ...),
- Hat der Ehrengast die Möglichkeit, die Veranstaltung unauffällig früher zu verlassen?
- Wer ist zuständig für die Auswertung nach der Veranstaltung, Presse-Echo ...?

⇨ *Außer-Haus-Veranstaltungen*, ⇨ *Begrüßen, Bekanntmachen*, ⇨ *Protokollarische Rangfolge*, ⇨ *Reden*

Die VIP'S in der Gästedatei

Ohne Gästedatei geht es nicht. Hier werden alle (komplizierten und merkwürdigen) Gewohnheiten sowie die hin und wieder ausgefallenen Wünsche der Kundinnen und Kunden und anderer Gäste Ihrer Firma festgehalten, (z.B. bevorzugte Hotels in Ihrer Stadt mit entsprechenden Fitneßmöglichkeiten in der Nähe – auch Golfplatz, Tennis, Kletterwand ...), Mr. Brown hat Gallenprobleme, Mme. Matin mag nur *einmal* jährlich Saumagen, Dr. Schmalspur kauft in jeder Stadt Miniaturelefanten für seine Frau ... Schnell wird so eine Datei zu einem Sammelsurium an allzu Menschlichem und unentbehrlich – nur reinschauen muß man!

Übrigens...

Business by Golf: die »begrünten Kontakthöfe« spielen nicht nur in den USA, Großbritannien und Japan eine wichtige Rolle bei Business-Kontakten, auch hierzulande werden geschäftliche Angelegenheiten auf den »Greens« und »Fairways« getätigt. Die Kombination von Entspannung und Gewinnanbahnung auf dem Golfplatz entdecken auch immer mehr weibliche Führungskräfte, allen voran die Amerikanerinnen.
Wer plant, mit seinen GeschäftspartnerInnen golfen zu gehen, fragt sie schon vorher nach ihrem *handicap* (dem persönlichen Standard, niedrig oder hoch). Meistens muß die Mitgliedschaft in einem Club nachgewiesen werden. Auf dem Golfplatz gibt es sie noch verstärkt: die Etikette. Auch in bezug auf Kleidung. »Trotzige« Profispieler versuchen das Image etwas zu lockern – einen nackten Oberkörper wird man auf dem Platz aber noch vergeblich suchen – und das Handy ebenfalls.

- Für die ausländischen Geschäftsfreunde eine besondere Betreuung organisieren. Ein Glücksfall sind Familienangehörige, die gewillt sind, mitreisende Ehefrauen bzw. -männer zu betreuen. Aber das kann, wenn man nicht aufpaßt, zu einem Fulltime-Job werden. (Tagesfahrten nach Heidelberg, ins Elsaß, an den Rhein stehen ganz schnell auf dem Programm!) Auf jeden Fall Zeit zum Akklimatisieren lassen und mit Stadt- und Einkaufsinformationen in der jeweiligen Landessprache versorgen.
- Geschäftspartner und Kunden, die regelmäßig zu Besuch kommen, haben bald auch auf eigene Faust die Lokalitäten getestet und ihre Vorlieben gefunden. Sie werden zunehmend »selbständig«, (was jedoch nicht vom Angebot nach Betreuung entbindet). Einmal einen Abend ohne Ansprache und Beobachtung zu verbringen, kann hingegen sehr entspannend sein.
- Besuchs-/Begleitprogramme müssen stimmig und nicht bis auf die letzte Minute verplant sein. Wer sich in die Situation der Gäste hineinversetzt, weiß, wieviel Zeit nötig ist, um sich in einer fremden Umgebung zurechtzufinden.
- Programmpunkte wie z.B. Wanderungen entsprechen oft nicht der Erwartungshaltung ausländischer Gäste (USA, Italien, Spanien). Dagegen liegt man mit einer Bowling-Partie bei Amerikanern genau richtig.

- Ein gedrucktes Programm in Jackentaschen-Format, das nicht so leicht zerfleddert, einschließlich Platz für Notizen sowie mit allen Punkten, Adressen, Zeitangaben, AnsprechpartnerInnen und (Notfall-) Telefon/Faxnummern ist Ehrensache. Unbedingt auf korrekte Übersetzungen achten.
- Die Feiertage des jeweiligen Landes kennen – Veranstaltungen sollten dann unterbleiben.
- Nehmen Sie ruhig die Hilfe offizieller Stellen in Anspruch: Verkehrsamt und Fremdenverkehrsverein wissen meist sehr qualifizierte Leute für Stadtführungen und Besichtigungen.
- Kleine Geschenke für Angehörige (Kinder) des Geschäftspartners kommen gut an. In jeder Region gibt es Besonderheiten.
- Gute Beziehungen soll man pflegen. Kleine (und große) Geschenke zu Weihnachten sind üblich. Warum aber nicht mal etwas Originelles aus dem Urlaub oder von einer Geschäftsreise mitbringen? In der Kundendatei steht, daß das Ehepaar Genüßlich Käseliebhaber ist. Ein Pharmavertreter erzählte mir neulich, daß er oft *en famille* nach Frankreich fährt – er bringt dann seltene Käsesorten für einen Kunden mit, der diesen besonders schätzt. Natürlich überreicht er ihn schnellstens!
- Kulinarische Geschenke sind nach wie vor beliebt: Spezialitäten der Region in fester und flüssiger Form (aufs Verfalldatum achten)
  ➪ *Einladungen*, ➪ *Geschenke*, ➪ *Veranstaltungen*

Konzepte für streßfreies Bewirten

Schon immer spielen Bewirtung und Einladung im geschäftlichen und öffentlichen Leben eine Rolle. Abgesehen von der aufwendigen Vorbereitungszeit, vor allem in den eigenen Räumen für einen großen Personenkreis, sind sie meistens auch ein Kostenfaktor. Unterscheiden muß man auch zwischen Kür und Pflicht. Große Einladungen können in der Tat sehr zeitraubend sein. Bewirtung erfordert oft viel Vorbereitungszeit – Time is money – und eine geübte Hand. *Und vor der Bewirtung stehen immer die W-Fragen: Wer – wann – wo – wie – was?*

Je nach Budget und nach Anzahl der zu bewirtenden Personen gibt es mehrere Alternativen.

- Bewirtung in Eigenregie, in den eigenen Räumen
- Bewirtung durch einen *Catering-Betrieb (Außer-Haus-Verkauf)* in den eigenen Räumen, das Personal kann vom Lieferanten gestellt werden (der Partyservice ist oft ein Geschäftszweig z.B. einer Feinkosthandlung)
- In angemieteten Räumen kann eigenes Personal eingesetzt werden.
- In angemieteten Räumlichkeiten wird durch Catering bewirtet,
- Restaurantbesuch.

Beim professionellen *Catering/Party-Service* bitte beachten

- Immer auch Vergleichsangebote einholen bei: Lebensmittelmärkten, Metzgereien, Hotels, Restaurants, Feinkostgeschäften, Kantinen.

- Es kann heute alles geliefert werden – von der Tischwäsche über die Dekoration bis zum kompletten Koch- und Service-Team.
- Was wird alles berechnet? Auch Auslieferungskilometer?
- Wie überall: wenn's schnell geh'n muß, wird's teurer!
- Vorkosten ist meistens möglich und sollte verlangt werden,
- Klar ist manchen Menschen nicht, daß meistens Leistung und Preis in Relation stehen. Das dekorierte Käsebrett für dreißig Mark und sechs Personen ist nicht lieferbar – Supermarktpreise und Feinkostqualität widersprechen sich! Die gefüllten Artischocken, die vorbereitete Perlhuhnbrust mit der Anleitung als »Beipackzettel« sowie andere Kleinigkeiten holen Sie sich nach Vorbestellung direkt beim Traiteur ab.

Rent a cook

Ein versierter Koch/Traiteur versorgt mühelos bis zu 30 Personen. Bei mehr Gästen braucht er/sie natürlich Hilfe. Man rechnet eine Servierhilfe für circa acht Personen, bei Steh-Veranstaltungen eine Kraft auf zehn Personen. ➪ *GastgeberIn*

Als Arbeitsformen mit gleichzeitiger Nahrungsaufnahme bieten sich an

- *Arbeitsfrühstück*

in den USA auch schon vor 8 Uhr, bei uns selten vor 8.30 Uhr (im Hotel oder Büro), Dauer circa fünfundvierzig Minuten

- *Brunch*

Beginn 11 bis 12 Uhr, Ende 14 bis 15 Uhr, manchmal zwangloses Eintreffen und Gehen der Gäste

- *Empfang*

Beginn 11 bis 12 Uhr, Dauer 1,5 bis 2 Stunden, oder nachmittags ab 17.30 Uhr, Dauer ca. 2 Stunden, mit begrenzter Anzahl von Sitzmöglichkeiten. Angeboten werden Getränke, Häppchen, Salzgebäck (bitte keine Erdnüsse zum Wein).

- *Frühstück / Sektfrühstück*

ab ca. 12 Uhr, mit kleinem, feinem Speiseangebot (nur kleiner Kreis)

- *Lunch/Business Lunch*

Mittagessen, oft zwanglos, ca. 1,5 Stunden, in südlichen Ländern auch länger. Über Geschäftliches erst reden, sobald man etwas Ordentliches im Magen hat, auf *Miniteilnahmekreis* achten (zwei bis drei Personen), sonst ist das Resultat gefährdet.

- *Cocktailparty*

Beginn nach Arbeitsschluß – Ende vor dem Abendessen – oder bis circa 22.00Uhr

- *Dinner*

Abendessen aus besonderem Anlaß, inklusiv Tischordnung, Tischreden, Dauer 3 bis 4 Stunden

- *Dinner Buffet, Empfang*

Lockerer als Dinner, jedoch höhere Ansprüche an Speisen und Service als beim normalen Buffet, findet oft in Hotels statt

- *Bankett*

Festliche und protokollarisch geregelte Form des Abendessens, zum Beispiel für Würdenträger und Staatsgäste

- *Souper*

Ein festliches Abendessen zu einem bestimmten Anlaß (z.B. Oper/Ball) ➪ *Gastgeber*

> *Übrigens...*
>
> In anderen Ländern gelten ja oft unterschiedliche Essenszeiten. Auch die Dauer variert – z.B. läßt man sich in südlicheren Regionen Europas mehr Zeit beim Essen und fängt *siesta*bedingt auch viel später mit dem Abendessen an. Wer in der Situation des/der Einladenden ist, sollte sich genauestens erkundigen.

Gäste im Unternehmen?
Setzen Sie keine Selbstverständlichkeiten voraus!

Ein kluger Mensch hat einmal gesagt:
»Wer plant, ersetzt den Zufall durch einen Irrtum.«

- Vorher Inventur machen – muß noch Geschirr etc. angeschafft werden?
- Kein Plastikgeschirr oder bunt zusammengewürfeltes Geschirr benutzen,
- Abgepacktes/Eingeschweißtes, (z.B. Milch, Kekse) wirkt stillos!
- Kundendatei durchsehen: hier sollten (auch) Eßgewohnheiten der Kunden vermerkt sein, besonders wichtig bei ausländischen Besucherinnen und Besuchern. Die Speisen der verschiedenen Gesellschaften sind aus religiösen und abergläubischen Regeln sehr unterschiedlich, s.o.
- Kein Schweinefleisch für Israelis, auch auf eine Trennung von Fleisch und Milch achten,
  kein Rindfleisch für Hindus,
  keinen Alkohol für Moslems,
  keinen Knoblauch für Amerikaner und Engländer (auf jeden Fall ist Vorsicht geboten!),
  Sollten wir selber in Südafrika, Indien, Laos oder in arabischen Ländern weilen, nehmen (hoffentlich) unsere dortigen GastgeberInnen die Larven, Motten, Würmer und die Bisamratte von der Speisekarte. Wobei ja bekanntlich probieren über studieren geht – und sich manchmal ungeahnte Erkenntnisse (sprich Leckereien) ergeben.

Übrigens...

In München veranstaltet der französische Ernährungsforscher Bruno Comby seine ersten deutschen Insektenessen. Pfannkuchen mit eingebackenen Grillen, Ragout von Heuschrecken im Reisrand (scharf) und Mehlwürmer an Kressesalat stehen neben indonesischen Wasserkäfern auf der Speisekarte. Alles sehr proteinreich – geschmacklich mit Kalbschnitzel und Karamelpudding gleichzusetzen. Comby: Alle Primaten und Kleinkinder essen Insekten, die Neurose gegen Insekten ist nicht sexueller Natur (Sigmund Freud); sie hat ihren Ursprung in der Unterdrückung der Nahrungslust.« Focus 8/1993

- Den Gast nie über das Speiseangebot im unklaren lassen. Was erwartet ihn/sie am Tag noch? Nichts ist schlimmer, als stets an einen Schokoriegel für den Notfall denken zu müssen.
- Andererseits gilt der Grundsatz: je höher der Rang, desto weniger legen sich die oben beschriebenen Oftesser auf den Teller. Aber: bei längeren Sitzungen ohne Speiseangebot sinkt der Blutzuckerspiegel ab, das schadet der Konzentration.
- Immer nur Trockengebäck und Kaffee? Wie langweilig! Kleinigkeiten der Region anbieten (Weißwürste, etc.), auch Obst, Quark, Joghurt, Säfte, Kräutertee, Fruchtsäfte, Milch – fette oder scharfe Speisen sind bei Gesundheitsbewußten out.
- Ein Gast in Zeitnot? Improvisieren: Eine Suppe oder einige Häppchen sollten schnell zubereitet sein.
- Canapés/Häppchen mundgerecht zubereiten (lassen), keine bröselnden, zähen Zutaten, keine »Turmbauten«.
- Bei Schalentieren, Fisch, Wild und Lamm ist Vorsicht geboten.
- Soll Alkohol ausgeschenkt werden, bitte immer vorher fragen – dieses Angebot leitet auch zum geselligen Teil über; stets genügend Mineralwasser anbieten. (Sensibel sein bei entwöhnten Alkoholkranken – einmalige Ablehnung von Alkoholischem sollte reichen, nicht insistieren!)
- Ein Vorrat an Aspirin und AlkaSelzer ist sinnvoll.
- Nachbereitung – Erfahrungen und Pannen vermerken

➪ *GastgeberInnen-Aufgaben,* ➪ *Parlamente laden ein,* ➪ *Tips für Außer-Haus-Veranstaltungen,* ➪ *Visitenkarte*

Übrigens...

Das schmeckt unseren Nachbarn nicht: Belgier mögen kein deutsches Pils (zu warm und zu fad), Holländern graust's vor Eisbein und gebratener Leber, Franzosen mögen keine Knödel.
Quelle: Cosmopolitan 3/96

Business-Meetings im Betriebs-Restaurant

Immer mehr Unternehmen weichen bei geschäftlichen Essen (vor allem zur Lunch-Zeit) auf das Betriebs-Restaurant/Casino aus. Hier können die Geschäfte unauffällig abgewickelt werden, das Essen ist auch hier zwar wichtig, hat aber oft nur unterstützenden Charakter. Die Amerikaner haben ein Wort dafür: *Cocooning*, im eigenen Gehäuse bleiben. Die Mittagspausen werden immer kürzer, die Casino-Köche immer besser und das Service-Personal immer professioneller. Viele Nobelrestaurants sind wegen eines bestimmten Kostenrahmens längst gestrichen.
Manche Firmen beköstigen auch Esser, die *ungeübt* sind und über deutliche Schwellenangst verfügen, lieber im Séparée der Firma oder in einem unkomplizierten Lokal. Egal wie aufwendig man in den eigenen Räumen bewirtet, das Personal sollte geschult sein. Ob im betriebseigenen oder aushäusigen Restaurant – ein großes MitarbeiterInnen-Aufgebot kann die Wichtigkeit eines Besuchers/einer Besucherin noch betonen.
➪ *Sitzordnung*

Dinner digital

Ein Fern-Dinner in der »Teledining-Suite« ist der letzte *Schrei*. Wie das geht? Fünf Manager beschließen, zusammen zu speisen. So weit so gut. Nur sitzen drei von Ihnen in Boston und zwei in Washington. Also begibt man sich in der jeweiligen Stadt ins Videorestaurant. Per Großbildschirm rückt man an den Tisch der anderen Gäste und tafelt im Kerzenschein, diskret gefilmt und abgehört. Siebzig bis einhundertfünfzig Dollar pro Stunde soll die kulinarische Verabredung kosten und belegt 24 Telefonleitungen gleichzeitig. Anbieter sind die Firmen Teleport und IBM Global Network.
➪ *Restaurant*

»Probeessen«

Personalentscheidungen fallen heute vermehrt bei sogenannten Probeessen, in die immer öfter auch die Ehefrau bzw. der Ehemann mit einbezogen werden. Das gegenseitige Kennenlernen in ungezwungener Atmospäre ist meines Erachtens eine hervorragende Einrichtung. So bietet sich die Gelegenheit, von zukünftigen Mitarbeiterinnen und Mitarbeitern, die mit Repräsentationsaufgaben betraut werden sollen, einen Gesamteindruck zu bekommen.
Dabei wird dann ganz »beiläufig« registriert, ob Kenntnisse über Menüauswahl und Getränke bestehen, wie das Besteck gehandhabt wird, wie die Tischmanieren sind: »Hilfe, hätte ich nur den Hummer-Verzehr-Kurs besucht!«, ob ein lockerer *small talk* gelingt und wie das Verhalten gegenüber anwesenden Frauen und gegenüber dem Service-Personal ist. In jüngster Zeit nehmen einem die *head-hunter* diese Aufgabe schon mal ab, ohne daß der Probant etwas ahnt.

Tips für Außer-Haus-Veranstaltungen

Bei Gruppenfahrten werden oft immer die gleichen Fehler gemacht, weil sich fast niemand in die Teilnehmenden hineinversetzt.

- Busse bitte nicht bis auf den letzten Platz besetzen – schon auf der Fahrt soll kommuniziert werden, das ist in der Enge nicht möglich.
- Für Personen, die unter Reisekrankheit leiden, sind vordere Plätze zu reservieren.
- Ein kleiner Zusatz, der so viel Gelassenheit bewirken kann: »Platzreservierung im Zug für jede/n TeilnehmerIn, also keine Platzprobleme!«
- Kaffee-Pausen werden oft viel zu knapp bemessen. In zwanzig Minuten kann niemand ein Kännchen trinken, ein Stück Kuchen essen und sich frisch machen. Eine Dreiviertelstunde ist angemessen. Warum nicht mal einige Thermoskannen voll Kaffee/Tee inclusive Zubehör mit in Bus/Bahn nehmen – die »Kaffeetanten« werden's dankbar registrieren.
- Wieviel Zeit vergeht, bis fünfzig Personen von A nach B gegangen sind? Auch diese Zeit wird oft zu knapp kalkuliert.
- Busfahrer bitte genau anweisen – wo sollen sie die Teilnehmenden aufsammeln? Können sie Personen, die nicht gut zu Fuß sind, mitnehmen?
- Alle Mitreisenden bekommen einen Lageplan mit den jeweiligen Stützpunkten, Uhrzeiten und Telefonnummern. (Z.B. *15.30 – 16.15 Uhr* Kaffeepause im »Stillen Winkel«, Straße, Tel.:, *17.00 – 18.30 Uhr* Besichtigung der Ausstellung »Leibchen im Wandel unserer Zeit«, Bürgerhaus, Straße, Tel.:, dann Fußwanderung – (fünfzehn Minuten) zur Gaststätte »Morgenröte«, rustikales, vorbestelltes Abendessen mit anschließender Weinprobe und Gelegenheit zum Gedankenaustausch mit Frau Landrätin Dr. Müller-Hackdorf, Ort, Tel.:).
- Natürlich ist die Strecke vorher abgefahren bzw. abgelaufen worden.
- Ein Hinweis über den holprigen, doch sehr steilen Weg zum Gasthaus »Morgenröte« findet sich in der Einladung: *Festes Schuhwerk ist erforderlich, Gehbehinderte können den Bus nehmen.* Bei z.B. amerikanischen Teilnehmern ist der Hinweis auf das Schuhwerk auch sehr wichtig; viele von ihnen sind Fußwege nicht gewöhnt, und Frauen tragen entsprechend zierliche Schuhe.
- Aktionärsversammlungen dauern oft schrecklich lange. Die Planung hinkt, wenn es erst nach vier Stunden etwas zu trinken und zu essen gibt.
- Bei allen Großveranstaltungen sollte für gute Luft und angenehme Temperatur gesorgt werden.
- Bitte auch an ein Begrüßungs-Komitee denken, Teinehmende am Eingang empfangen und an den Platz geleiten, soweit vorgesehen und erforderlich,
- Wohin mit der Garderobe?

- Wer eine Veranstaltung plant, sollte grungsätzlich auch auf Konkurrenz-Termine achten (Fußball-Länderspiele, herausragende Theater-Ereignisse ...)
- Bei Veranstaltungen mit einem auswärtigen Gast (Lesungen, Vorträge ...) wird anschließend oft eine kleine Aufmerksamkeit überreicht.
- Bitte vorher erkundigen, ob der/die Betreffende mit der Bahn oder dem Auto anreist und eventuell anschließend noch in einer anderen Stadt Verplichtungen hat.
- Wie soll z.B. eine Autorin einen voluminösen Blumenstrauß mit der Bahn transportieren – sie wird ihn am Bahnhof verschenken! Eine Kiste Wein (gläserne Statuen, ein Bowlen-Set ...) bereitet auch Probleme, wenn man/frau mit dem Zug unterwegs ist oder bei eisiger Kälte eine weitere Übernachtung plant und den Wein im Wagen lassen muß. Besser ist *eine* symbolische Blume und das Zusenden der Weinflaschen.
- Die Veranstaltung ist vorbei, alle atmen auf – und selten denkt jemand an die Nachbereitung: Die Erfolgskontrolle ist genauso wichtig wie die Dokumentation. Eine nette Geste für die TeilnehmerInnen (und als Erinnerung für die VeranstalterInnen) sind Fotos, Protokolle, Anekdoten, zusammen mit einem Dankschreiben.
- *Was tragen die Teilnehmenden zum Gelingen bei?* Sie beachten natürlich das ganze Selbstverständlichkeiten-Repertoire: Sie erscheinen pünktlich zu allen angegebenen Terminen, haben nicht ständig Sonderwünsche, wissen nicht stets alles besser, achten auf ihr Gepäck etc., damit wegen vergessener Gegenstände keine Umstände gemacht werden müssen, beharren nicht auf »ihren« Platz, wenn er mal kurzfristig belegt ist, achten Rauchverbote, kurz: sie sind friedfertige, aufgeschlossene ReisegefährtInnen.
  ➪ *Besucherbetreuung im Unternehmen*

Parlamente laden ein

Oft sind es die kleinen Gesten, die ein Vertrauensklima schaffen und eine gewisse Großzügigkeit erkennen lassen. Wer öfter stundenlang in Länder-, Kreis- und Stadtparlamenten auf der ZuschauerInnen-Tribüne sitzt, kann ein Lied von der »trockenen« Luft dort (oben) singen! Wie leicht könnten auch die ZuhörerInnen mit einer Erfrischung bei Laune gehalten werden. Während man den Volksvertretern und Repräsentantinnen Kaffee, Wasser und süße Stückchen serviert, packen die Leute auf den billigen Plätzen (wenn überhaupt) ihr Obst aus. Nicht alle sind selbstbewußt genug, um beim Service ein Getränk zu erbitten. Manchmal gilt der kleine Snack in der Sitzungspause automatisch auch den ZuschauerInnen – diese trauen sich jedoch oft nicht unter die Repräsentanten. Hier müßte eine konkrete Aufforderung erfolgen. Wer z.B. wiederholt offiziell ins »Ländle« eingeladen ist, läuft »Gefahr«, als zweites Frühstück oder zur besten Vesperzeit stets eine *Butterbrezel* angeboten zu bekommen. In sparsamen Verwaltungen auch nur eine halbe. Basta. Wer Pech hat, muß sie und das »Schozacher Viertele« auch noch selbst bezahlen. Kreativität ist auch im Kleinen angesagt, vor allem, wenn ein bestimmtes Ziel verfolgt werden soll. Vielen Menschen ist nicht klar, daß es dabei auf Details und die Atmosphäre ankommt – oft werden ungeschulte Mitarbeiterinnen und Mitarbeiter mit den Vorbereitungen beauftragt. Sie geben ihr Bestes, aber das langt dann eben nicht, um den angestrebten Erfolg mit der Veranstaltung zu haben. ➪ *Unternehmen bewirten nach Konzept*

Protokollarische Rangfolge

Wie wir schon bei der Tischordnung gesehen haben, ist das richtige Plazieren der Gäste manchmal ganz schön heikel. Privat oder offiziell – wer meint, nicht korrekt gesetzt worden zu sein, d.h., nicht entsprechend seiner/ihrer gesellschaftlichen oder firmeninternen Stellung, *kann* sehr empfindlich reagieren.
Von eminenter Bedeutung ist das Einhalten der protokollarischen Rangordnung bei offiziellen Veranstaltungen, sei es bei der Plazierung im Festsaal, bei Tisch oder/und bei der Begrüßung. In der Geschichte der Bundesrepublik hat sich eine Rangfolgeliste entwickelt, die TOP 70, die die 70 höchsten Repräsentanten in der richtigen Reihenfolge hierarchisch festlegt. Über diese repräsentativen und diplomatischen Regeln rümpfen manche Menschen die Nase (sie sollen ja auch nicht auf den privaten Bereich übertragen werden), aber ihre demokratische Seite ist nicht von der Hand zu weisen. Denn: sie gelten für alle, sie stellen oft ein Moment von Gleichheit her, wo sonst keine ist. (PräsidentInnen und WürdenträgerInnen von großen und winzigen Staaten beschreiten den gleichen roten Teppich, z.B. in Bonn.)
Meines Wissens sind die staatlichen Rangfolgelisten nicht regierungsamtlich veröffentlicht. Sie entsprechen aber wohl den Listen in Jürgen Hartmanns Buch »Staatszeremoniell« (Heymanns Verkag Köln, 1988).
Nach dem Prinzip der TOP 70 läßt sich die korrekte Reihenfolge für alle Gäste, internationale sowie nationale, bis in die entsprechende kleinste lokale Einheit übertragen.

Die Gliederung für das öffentliche Auftreten

- AusländerInnen gleichen Ranges kommen vor InländerInnen.
- Gewählte politische RepräsentantInnen rangieren vor AmtsträgerInnen, also MandatsträgerInnen vor Beamten.
- Bei Ranggleichheit haben Lebensalter und Dienstalter Priorität, nicht das Alphabet.
- Angehörige einer fremden Organisation/Institution rangieren vor denen der eigenen (gleichen Ranges).
- Die/der Angetraute hat automatisch den Rang des Partners/der Partnerin.
- Haben beide einen eigenen Rang, nehmen sie bei gemeinsamen Auftritten den höheren ein, alleine natürlich den eigenen.
- Titel gehören zum Namen, erworbene rangieren vor verliehenen.

In welcher Reihenfolge begrüße (plaziere) ich nun aber herausragende WissenschaftlerInnnen, UnternehmerInnen, KünstlerInnen, SportlerInnen? Hier ist Fingerspitzengefühl gefragt – je nach gesellschaftlichem Ansehen der angesprochenen Personengruppen und auch nach der Beziehung zum Gastgeber/der Gastgeberin sollte entschieden werden. Als Faustregel: je weniger Einzelpersonen herausgehoben werden, um so weniger Fehler können auch gemacht werden! Vielleicht lassen sich Personengruppen zusammenfassen, oder *ein* Gast wird stellvertretend für alle begrüßt/genannt.

Ein fauxpas? Na, und?

Eigentlich bin ich ganz anders – aber leider komme ich so selten dazu!

Unangenehme Dinge passieren halt. Einfach so. Ohne Absicht. Und sie passieren *allen* Leuten. Irgendwann. Was ist zu tun, wenn wir so richtig in der Tinte sitzen? Wenn der Angstschweiß ausbricht? In früheren Tagen hatten zumindest die Damen ein gesellschaftlich anerkanntes Mittel – sie fielen einfach in Ohnmacht! Heute müssen wir durch jeden Fettnapf durch oder gar nicht erst hinein – aber, wie gesagt: siehe oben.
Der Gedanke, einen fauxpas einfach zu überspielen oder zu ignorieren, ist gewiß apart. Dazu gehört jedoch eine Menge Selbstbewußtsein sowie schauspielerisches Talent – und: die besten Ausweichmanöver fallen einem sowieso erst im nachhinein ein!

- Sie kommen etwas angehungert auf ein Fest und stolpern entkräftet über die lange Tischdecke am Buffet. (»Keine Sorge, vor dem Essen mache ich immer meine Übungen!«)
- Erste private Einladung beim Chef: Das kunstvoll zusammengelegte Salatblatt springt kurz vor dem Mund wieder auf und die Vinaigrette der Gastgeberin auf die Bluse! (Die Reaktion abwarten und dann entsprechend handeln: von Schämen bis zur Schadensersatzklage kann die Aufforderung an Sie gehen. Wer auf ein Malheur zu übertrieben reagiert, macht alles nur noch peinlicher.)
- Wir erregen in feierlichen Momenten unplanmäßig Aufmerksamkeit: Hustenanfall im Konzert, Unwohlsein bei der Preisverleihung, Gräte verschluckt beim Festessen ... Die Mitmenschen, die dann *keine* Stielaugen machen, werden wir ins Testament aufnehmen!
- Der kleine Sohn vertraut seinen See dem Ausstellungsclo der Bäderabteilung an. Die meisten Deutschen (Eltern wie Baumarktbesitzer) verläßt ihr Humor bei dieser Situation. Gemeinsam beseitigen wäre die Alternative.

Je verkrampfter wir in bestimmten Situationen reagieren, desto schlimmer sind oft die Ergebnisse. Wer sich selbst »hintenanstellen« kann, sprich: sich nicht so wichtig nimmt, hat die besseren Karten. Wer sich nicht ständig fragt: Welchen Eindruck mache ich? kann weitaus gelassenener, humorvoller und einfühlsamer mit anderen umgehen. Eben – *Contenance bewahren!*

Sachregister